Elisa Mª Benito Martínez
Emilio J. Martínez López

ELECTROESTIMULACIÓN NEUROMUSCULAR EN EL DEPORTE:
PROGRAMACIÓN DEL ENTRENAMIENTO

Título:	ELECTROESTIMULACIÓN NEUROMUSCULAR EN EL DEPORTE: PROGRAMACIÓN DEL ENTRENAMIENTO.
Autores:	ELISA Mª BENITO MARTÍNEZ Y EMILIO J. MARTÍNEZ LÓPEZ
Editorial:	WANCEULEN EDITORIAL DEPORTIVA, S.L. C/ Cristo del Desamparo y Abandono, 56 41006 SEVILLA Tlfs 954656661 www.wanceulen.com infoeditorial@wanceulen.com
ISBN:	978-84-9993-336-8

Dep. Legal: SE 553-2013
©Copyright: WANCEULEN EDITORIAL DEPORTIVA, S.L.
Primera Edición: Año 2013
Impreso en España: Publidisa

Reservados todos los derechos. Queda prohibido reproducir, almacenar en sistemas de recuperación de la información y transmitir parte alguna de esta publicación, cualquiera que sea el medio empleado (electrónico, mecánico, fotocopia, impresión, grabación, etc), sin el permiso de los titulares de los derechos de propiedad intelectual. Cualquier forma de reproducción, distribución, comunicación pública o transformación de esta obra solo puede ser realizada con la autorización de sus titulares, salvo excepción prevista por la ley. Diríjase a CEDRO (Centro Español de Derechos Reprográficos, www.cedro.org) si necesita fotocopiar o escanear algún fragmento de esta obra.

Índice

Introducción ¿Por qué la EMS como complemento al entrenamiento?........9

1. DEFINICIÓN Y EVOLUCIÓN HISTÓRICA DE LA ELECTROESTIMULACIÓN Y LA PLIOMETRÍA........ 11
   1.1 Historia de la EMS........ 11
   1.2 Historia de la Pliometría........ 19
   1.3 Clasificación de las manifestaciones de la Fuerza........ 25
2. LA ELECTRICIDAD COMO BASE DE LA EMS........ 29
3. PARÁMETROS DE LA EMS........ 31
   3.1 Tipo de Corriente........ 31
   3.2 Frecuencia de Corriente........ 34
   3.3 Número de sesiones semanales........ 38
   3.4 Ancho de Impulso........ 38
   3.5 Tiempo Impulso Reposo........ 40
   3.6 Intensidad de Corriente........ 43
   3.7 Tiempo de tratamiento........ 45
   3.8 Colocación de electrodos........ 46
   3.9 Ejercicios que se combinan........ 47
4. TIPOS DE CONTRACCIÓN........ 55
   4.1 Isométrica........ 55
   4.2 Anisométrica........ 56
   - Concéntrica........ 57
   - Excéntrica........ 57
   - Pliométrica........ 58
5. PRINCIPIOS Y FISIOLOGÍA DE LA CONTRACCIÓN........ 59
   5.1 ¿Cómo se produce la contracción?........ 59
   5.2 Energética de la contracción........ 61
   - Adenosin Trifosfato........ 61

- Fosfocreatina y Piruvato 62
- Oxígeno y ventilación 63
- H Crecimiento, Cortisol y lactato 64

5.3 Regulación de la contracción producida. 65
5.4 Fatiga: Mayor consumo energético y contracción sincrónica 65
5.5 Potenciación Postetánica 67

6. LA ELECTROESTIMULACIÓN APLICADA AL ENTRENAMIENTO. 71
 6.1 Combinación del ejericio físico y la EMS 71
  6.1.1 Entrenamiento con Pliometría 72
  6.1.2 Entrenamiento con EMS 73
  6.1.3 ¿Por qué combinar la EMS con un ejercicio voluntario? 75
  6.1.4 Estudios que usan la isometría como contracción voluntaria combinada con EMS 78
  6.1.5 Estudios que usan la anisometría como contracción voluntaria combinada con EMS 79
  6.1.6 El trabajo combinado simultáneo de EMS y ejercicio voluntario 82

7. PLANIFICACIÓN DEL EJERCICIO FÍSICO Y DEPORTIVO 85
 7.1 Supercompensación y EMS 88
 7.2 Principios del entrenamiento deportivo 91
  - Principios para iniciar la adaptación biológica 91
  - Principios para garantizar la adaptación biológica .. 93
  - Principios para orientar la adaptación biológica 94
 7.3 La periodización de la fuerza 97
  - Fase de adaptación anatómica 97
  - Fase de Fuerza máxima 98
  - Fase de Conversión 99
 7.4 Planificación Deportiva con EMS 100
  - La sesión 100
  - La semana 101

- El ciclo 102
- La temporada 102

8. PLANIFICACIONES PRÁCTICAS MEDIANTE EMS 103
   8.1 Entrenamiento de un saltador de longitud durante 22 semanas 104
   8.2 Entrenamiento de un velocista de 100 m.l durante 22 semanas 106
   8.3 Entrenamiento de un ciclista de carretera 109
   8.4 Entrenamiento de un ciclista de BTT 111
   8.5 Entrenamiento para el Ironman de Hawai 2011. 113
   8.6 Entrenamiento semanal para oposición de bombero 119
   8.7 Entrenamiento semanal para salto potro gimnasia deportiva 121

Abreviaturas 123

Referencias Bibliográficas 125

INTRODUCCIÓN

¿POR QUÉ LA EMS COMO COMPLEMENTO AL ENTRENAMIENTO?

Las grandes exigencias del deporte de élite, motivadas por el incansable espíritu de superación, han desembocado en la búsqueda de nuevas técnicas y métodos que eleven las marcas de los atletas a números inimaginables.

Uno de estos tan buscados métodos es la electroestimulación neuromuscular (EMS), consistente en la aplicación de una corriente eléctrica al músculo o al nervio periférico con el fin de lograr una contracción muscular involuntaria del músculo. Esta forma de rehabilitación o entrenamiento, ha sido aplicada por muchos autores desde su comienzo aunque, además de no haber gozado de una gran homogeneidad de los parámetros utilizados, sus fines tampoco han sido siempre los mismos. En cuanto a su uso como forma de entrenamiento, todos han coincidido en tratar de conseguir un aumento de la fuerza muscular, pero el problema es que nunca ha quedado claro el componente de la fuerza que quería ser mejorado, algo importante puesto que los planes de entrenamiento son muy dispares.

A pesar de que la EMS es un método antiguo de tratamiento que ya Galvani utilizaba en el año 1786 para estimular nervios periféricos como muestra en su libro "Comentarios sobre la electricidad en músculos", es el ruso Kots el que comienza, en la década de los 70, a utilizar este tipo de terapia en atletas de élite sanos, con el fin de aumentar la fuerza muscular, empleando este método como complemento al entrenamiento convencional (Lake, 1992).

Kots utiliza en su método una corriente alterna de 2,5 Khz. con ráfagas moduladas de 50 Hz con un 50% del ciclo. Aplica la corriente en el cuádriceps del deportista durante 10 minutos, con un tiempo de impulso de 10 segundos y 50 de reposo (Ward, 2002).

Los resultados de Kots fueron muy alentadores y hasta ahora nadie ha logrado mejoras similares en cuanto al aumento de fuerza muscular. El ruso consiguió un incremento del 40% que Ward justifica afirmando que esos trabajos de Kots fueron empleados en atletas jóvenes de 15 a 17 años, con un gran margen de mejora.

Tras estos primeros estudios de Kots, han sido muchos los autores que han utilizado la EMS con el fin de aumentar la fuerza muscular. Quizás el gran problema a la hora de realizar un protocolo bien definido sea la gran heterogeneidad de los parámetros empleados.

Figura. 1 Entrega de testigo en un relevo 4 x 400 m.l.

1. DEFINICIÓN Y EVOLUCIÓN HISTÓRICA DE LA ELECTROESTIMULACIÓN NEUROMUSCULAR Y LA PLIOMETRÍA

1.1 HISTORIA DE LA ELECTROESTIMULACIÓN NEUROMUSCULAR

La etimología de la electroterapia no es otra que "la terapéutica a través de la electricidad" y se compone del vocablo electro del latín electrum y del griego electrón (ámbar, electricidad) y del sufijo terapia del griego therapèia (Meaños 2002).

Desde que los antiguos griegos y romanos utilizasen las descargas eléctricas del pez torpedo como cura a los ataques de gota (Aristóteles) o a las cefaleas crónicas (galeno), hasta que Luigi Galvani realizase experimentos sobre la contracción muscular en animales desencadenada por un efecto eléctrico, han sido muchos los pasos dados encaminados a perfeccionar y estudiar los efectos de la electricidad sobre el tejido nervioso o muscular.

Dado que la historia de la electroterapia es como mínimo "amplia en el tiempo" puesto que abarca desde el uso del pez torpedo (400 a.c) hasta la actualidad, vamos a realizar un viaje por dicha historia con una parada significativa para el presente estudio en los años 70, momento en el que el ruso Kots comenzó a utilizar este método como forma de entrenamiento y no únicamente como herramienta terapéutica.

El hecho de que algunos peces producían corrientes eléctricas se remonta a la época de los egipcios, se trataba del pez gato del Nilo (Malopterurus electricus) que aparece dibujado en muchos murales de antiguas tumbas, la más longeva se remonta al año 2750 a.c (Chau H, 2007). De este hecho no se deriva ni mucho menos que los egipcios tuvieran o no conocimiento de lo que la electricidad podía suponer o conseguir, pero desde luego temían a ciertos peces que generaban una energía natural cuando se entraba en contacto con ellos.

Aunque se considera a Thales de Miletus como el padre de la electricidad por descubrir hacia el año 600 A.c. que la frotación del ámbar (elektrón) conseguía la atracción de plumas, hubo que esperar hasta Aristóteltes (348-322 a.c) para el comienzo del uso de dicha propiedad con fines terapéuticos.

Aristóteles descubrió como las electro placas de los laterales de la cabeza del pez torpedo que utilizaba éste para paralizar a sus presas, podían aliviar los ataques de gota mientras el pez vivo era colocado sobre la zona dolorosa. Esto era debido a las fibras nerviosas que llegaban a las electro placas, capaces de invertir la polaridad y producir así descargas eléctricas.

Más tarde en la antigua roma, Galeno utilizó este mismo pez para la terapéutica de las cefaleas crónicas.

Fue en el año 46 D.c. cuando Scribonius Largus, médico y veterinario, describió el primer protocolo de electroterapia para el tratamiento de los dolores articulares. Así en el libro Compositions Medicamentorum, publicado en 1786 por la Universidad de Strasbourgo, se citó "para todos los tipos de gota se debería utilizar una trimielga negra (pez torpedo), que habría que poner viva debajo de los pies del paciente; el enfermo tiene que estar en la orilla de la playa, en el lugar donde rompen las olas, y permaneces en esa posición hasta que la pierna se haya vuelto insensible" (Boschetti, 2002).

El uso de la electricidad generada por estos peces tuvo grandes diferencias entre occidente y el resto del mundo. Mientras en occidente la corriente eléctrica era utilizada por su propiedad adormecedora, en el resto del planeta se utilizaba su poder estimulador para curar la gota como los antiguos nativos de las Américas a través de la anguila eléctrica (Electrophorus electricus, anteriormente Gymnotus electricus), un pez de agua dulce que vivía en los ríos Amazonas y Orinoco capaz de generar hasta seiscientos voltios, o el tratamiento de la ptosis o caída del párpado en la antigua China a través del pez gato eléctrico (parasilurus asota) (Chau H, 2007).

Tuvieron que pasar varios siglos hasta que William Gilbert (1544-1603) afirmara en su libro De magnete magneticisque corporibus et de magno magnete tellure (Acerca del magnetismo, cuerpos magnéticos y el gran imán de la tierra,) que no sólo el ámbar adquiría propiedades eléctricas con el frotamiento y clasificara las sustancias en cuerpos eléctricos (actualmente conductores) y cuerpos eneléctricos (actualmente aislantes). Pero a pesar de ser el padre del electromagnetismo moderno y ser médico de la corte de Isabel I de Inglaterra, le cedió a su "colega" Jalabert, médico genovés, el honor de aplicar este medio físico a la terapéutica.

En el año 1663, se produjo otro gran avance para la electroterapia al fabricarse el primer generador electrostático. Fue obra de Otto Von Guericke quien describió después los pasos para su fabricación, en 1672, en su libro Experimenta nova Magdeburgica: se trataba de una bola de azufre sólido colocada en un eje metálico que se apoyaba sobre un soporte de madera que a través de unas poleas hacían girar la bola. Al friccionarla se electrizaba negativamente. Son varios los investigadores que confirmaron el funcionamiento de esta máquina y realizaron modificaciones sobre la inicial: Gottfried Wilhelm Leibniz (1646-1716) que confirmó la producción de chispas por frotación en su libro Hipótesis Physic Nova, Francis Hauskbee que sustituyó la bola de azufre por un cilindro de cristal o la máquina de Ramsden (1768) que perfeccionó la estructura y es la que se utilizó en los laboratorios de física del siglo XIX.

Una vez más tuvieron que aparecer nuevos científicos que aplicaron esta nueva máquina a la terapéutica, así Nairne, Winter y

Armstrong instalaron conductores a los lados que permitieron recibir la electricidad negativa y positiva.

Previo a esto, en 1729 un inglés, Stephen Gray (1666 – 1736) consiguió trasmitir electricidad a través de un conductor y cuatro años más tarde el francés Charles-FranÇois de Cisternay du Fray (1698 – 1739) describió como el comportamiento de dos tapones de corcho era diferente si se frotan ambos con vidrio o resina o cada uno con un material diferente provocándose repulsión o atracción respectivamente. Benjamín Franklin (1706-1790) recalcó además que la electricidad era capaz de pasar de un cuerpo a otro así, cuando se frotaba el vidrio, la electricidad fluía hacia el interior de éste (se cargaba positivamente) y se observaba el efecto contrario cuando lo que se frotaba era el ámbar. Esto es el principio fundamental de la iontoforesis, aplicación terapéutica de corriente continúa que permite la introducción de medicamentos en el organismo (Climent 2001).

El francés Jean Théophuile Desaguliers diferenció en 1740 sustancias conductoras y sustancias aislantes (Meaños 2002).

Tras todos estos descubrimientos sobre electricidad y gracias a ellos, apareció en 1745 de la mano del alemán Christian Gottlieb Kratzenstein (1723-1795) el primer libro de electroterapia. Hablaba de los efectos biológicos derivados de la aplicación de electricidad al cuerpo humano describiendo un aumento de pulso y la aparición de un sueño reparador. Se describieron como indicaciones del tratamiento eléctrico las parálisis así como las enfermedades nerviosas y de la sangre. A partir de este año comenzaron a ser varios los científicos que aplicaban la electricidad como cura en pacientes paralíticos (Jean Antoine Mollet en Paris en 1746) o en parálisis (Jean L. Jallabert en Berna en 1748).

En 1748 de la mano del inglés William Watson se publicó Expériences et observations pour servir a l´explication de la natura et des propriétés de lélectricité. Con este libro se introdujo en Europa los conocimientos de Franklin y se demostró como el paso de la corriente tiene lugar en ausencia de aire. Además trató de determinar la velocidad de propagación de la misma.

Ya sabían que sustancias transmitían la corriente y cuales no, incluso habían determinado su velocidad de propagación en el vacío, así que el nuevo gran descubrimiento que vino dado de la mano de E.G. Von Kleist fue la posibilidad de acumular la carga eléctrica en un condensador. Este autor inventó la Botella de Leyden, el primer condensador eléctrico en 1975 que supuso una nueva herramienta para el tratamiento de enfermedades.

En 1766 se midió la fuerza eléctrica de la corriente en base a la magnitud del dolor que producía cuando se aplicaba al cuerpo. Este experimento lo realizó el inglés Henry Cavendish que perpetuó sus estudios en el libro On Franctious, Airs.

Bekensteiner modificó la maquinaria eléctrica convencional variando el conducto metálico y transformándolo en una esfera. Además afirmó que el hecho de utilizar un metal u otro como objeto excitador (oro, cobre, plata, antimonio...) concedía las mismas propiedades que cuando se administraban dicho elementos de forma oral como sustancias farmacológicas. Dijo también que cualquier estado patológico del cuerpo, se debía a una variación y desequilibrio de su fluido eléctrico normal.

En 1777, Agustín de Coulomb determinó como la fuerza con que se repelían o atraían dos sustancias dependía de la distancia que las separara.

Hasta aquí habían sido varias las experiencias llevadas a cabo con la electricidad sobre el cuerpo o tejido humano, cura de cefaleas, ptosis, gota, medida de intensidades según el dolor, fuerza eléctrica según la distancia de las sustancia, pero faltaba conocer que ocurría fisiológicamente cuando una corriente eléctrica era aplicada al organismo y sin estos datos, la electroterapia como medio terapéutico no podía prosperar.

En Italia, Luigi Galvani sembró las bases de esta fisiología al aplicar una corriente eléctrica a través de la médula espinal de una rana muerta y conseguir movimiento de los músculos de las patas. Los movimientos de las patas continuaban una vez se había interrumpido la corriente eléctrica. Todo esto fue expuesto en 1791 en su obra De Viribus electricitatis in motu musculari commentarius. (Boschetti 2002, Herrero, 2006). Con este experimento Galvani concluyó que la corriente se producía en los músculos, algo con lo que no estuvo de acuerdo Alessandro Volta quien pensaba que todo dependía de los metales que había utilizado Galvani para sujetar la rana y de la humedad existente entre ellos. De esto derivó en 1800 la invención de la pila voltaica, uno de los más importantes descubrimientos sobre la electricidad, que permitió obtener una corriente eléctrica continua y estable. (Martínez 2003).

Muchos autores utilizaron los aparatos galvánicos en sus aplicaciones terapéuticas: Hallé lo empleó en parálisis facial, Onimus estudió su efecto sobre arterias y Ritter aprendió como variaciones bruscas de intensidad contraían el músculo. (Meaños, 2002)

En 1831 una nueva corriente fue descubierta de la mano de Michael Faraday, ha llegado hasta nuestros días y continua utilizándose para pruebas de diagnóstico o como base para corrientes excitomotoras. Se trataba de una corriente alterna unidireccional con un ancho de impulso comprendido entre los 0.1 y 1 ms y una frecuencia de 50 o 100 Hz. El tiempo de contracción era de 2 s y el de reposo de 6 y presentaba una continua modulación de la amplitud, su nombre: corriente farádica. A través de estas corrientes Magendie y Béquerel trataron varios tipos de neuralgias (Meaños, 2002)

El siglo XIX presenta una bifurcación de caminos: por un lado los fisiólogos continuaban con la idea de Galvani y la detección de corriente eléctrica animal. Matteucci describió un potencial eléctrico en el músculo vivo y Bois-Reymond en Berlín obtuvo el primer registro de actividad eléctrica derivada de la contracción muscular. Bernard a través de la estimulación eléctrica de los nervios, describió la contracción muscular y las funciones del sistema nervioso autónomo. (Climent, 2001). Por otro lado los clínicos como

Duchenne de Boulogne (considerado el padre de la electroterapia) se encaminaron a conseguir la estimulación eléctrica del músculo de forma transcutánea a través de electrodos de superficie. (Boschetti 2002). Muchas de las aplicaciones de este autor reflejadas en su obra De lélectrisation localisée et son application à la phatologie et á la thérapeutique son utilizadas aun en la clínica actual como el concepto de punto motor o la estimulación en distrofia muscular o parálisis braquial. Remak fue el que continuó con el estudio de los puntos motores definiéndolos como el lugar de entrada del nervio al músculo y estableció un mapa de los mismos. En cuanto a la parte diagnóstica de la clínica hay que destacar a Erb, un neurólogo alemán que utilizó la corriente para diagnosticar la excitabilidad de los nervios la cual clasificó según la periodicidad de los estímulos. Este fue el punto de partida de las curvas de Intensidad/Tiempo (Herrero, 2006) y pudo con ello medir el grado de lesión de la neurona motora periférica. (Meaños 2002). Tras estos estudios apareció una nueva línea de trabajo en la que Hooweg y Weiss dieron mayor importancia a la necesidad de considerar el factor tiempo y estudiaron como la intensidad de la contracción variaba según el tiempo de aplicación del estímulo eléctrico y según la intensidad del mismo. (Martínez y Cols, 2003)

En 1907 Lapique describió las curvas de Intensidad /Tiempo y dos años más tarde en 1909 introdujo los conceptos de cronaxia y reobase así como la relación entre intensidad y duración de estimulo necesaria para alcanzar la excitabilidad del tejido diana. (Climent, 2001). Siguiendo con estos estudios en 1919, Bourguignon establecieron la cronaxia propia de cada músculo sentando las bases del electrodiagnóstico para que en 1941 Bauvens el que logrará las primeras experiencias prácticas (Meaños 2002)

Bernard inventó las corrientes de Bernard o diadinámicas consistentes en una corriente alterna de 50 hz de una duración de pulso de 10 ms. y otros 10 ms. de reposo entre 1920 y 1950. Variando el tipo de onda y fase se obtenían las diferentes corrientes: monofásica fija, difásica fija, cortos periodos, largos periodos y ritmo sincopado. Tras estas corrientes, Nemec debido a la desagradable sensación de corriente derivada de su baja frecuencia, inventó las corrientes interferenciales.

En 1952 Levine Knott y Rabat estudiaron las posibilidades de estimular eléctricamente los músculos antagónicos y espásticos. Ocho años más tarde en 1961, Liberson elaboró los protocolos necesarios para las aplicaciones funcionales de la EMS en "funcional electrical stimulation" (Boschetti, 2004).

En 1965 se desarrollaron de la mano de Melzack y Walls las corrientes TENS (estimulación eléctrica transcutánea) derivadas de la teoría de la "puerta control". Y en 1971 Sibilla propuso una técnica para la aplicación transcutánea de la estimulación eléctrica en el tratamiento de la escoliosis idiomática. Previo a esto, en 1969, Colombo había introducido las aplicaciones funcionales de la estimulación eléctrica en Italia.

Y en 1970 llegamos a lo que nos concierne en este trabajo, la EMS como método de entrenamiento. Las grandes exigencias del deporte de élite, motivadas por el incansable espíritu de superación, han desembocado en la búsqueda de nuevas técnicas y métodos que eleven las marcas de los atletas a números inimaginables (Benito, 2010).

Figura. 2 Triatleta en la sección de ciclismo

El ruso Kots comenzó a utilizar este tipo de terapia en atletas de élite sanos, con el fin de aumentar la fuerza muscular, empleando este método como complemento al entrenamiento convencional (Lake, 1992). Su método fue cinco años después revisado en 1975 por Anzil, Modotto y Zanon, que persiguieron desarrollar aún más lo estudios de Kots buscando mejoras en el rendimiento deportivo a través de la EMS.

Kots utilizó en su método una corriente alterna de 2,5 Khz. con ráfagas moduladas de 50 Hz con un 50% del ciclo. Aplicó la corriente en el cuádriceps del deportista durante 10 minutos, con un tiempo de impulso de 10 segundos y 50 de reposo (Ward, 2002).

Los resultados de Kots fueron muy alentadores y hasta ahora nadie ha logrado mejoras similares en cuanto al aumento de fuerza muscular. El ruso consiguió un incremento del 40% que Ward justificó afirmando que esos trabajos de Kots fueron empleados en atletas jóvenes de 15 a 17 años, con un gran margen de mejora.

Tras estos primeros estudios de Kots, han sido muchos los autores que han utilizado la EMS con el fin de aumentar la fuerza muscular. Quizás el gran problema a la hora de realizar un protocolo bien definido sea la gran heterogeneidad de los parámetros de corriente empleados.

En 1980 Portman consiguió un incremento del 28% en la fuerza, Cometti demostró en 1988 la posibilidad de aumentar a través de este método la manifestación explosiva de la fuerza y en 1996 Capanna, Sassi y Tibaudi consiguieron mejorar la resistencia a la velocidad en futbolistas. (Boschetti 2002).

1.2. HISTORIA DE LA PLIOMETRÍA

La palabra pliometría proviene de la raíz latina plyo + metric traducida como aumento mesurado, y consiste en el aprovechamiento muscular de la fase excéntrica de un movimiento previo a una contracción concéntrica del mismo. La pliometría intenta agudizar la excitabilidad del sistema nervioso para mejorar la capacidad de reacción del sistema neuromuscular. El objetivo por tanto es reducir el tiempo entre la fase excéntrica y la concéntrica de forma que la fisiología del ciclo estiramiento-acortamiento va a depender de los reflejos propioceptivos y de las propiedades elásticas musculares. (Prentice, 2009)

Secenov, fisiólogo, habló hace ya 100 años sobre "la función de muelle del músculo", refiriéndose claramente a la capacidad del músculo de realizar un ciclo de estiramiento-acortamiento (Verkhoshansky, 1999)

Aun así, Verkhoshansky parece ser considerado como el padre de la pliometría por muchos autores y entrenadores, situando el inicio de este método en uno de sus entrenamientos a finales de los años 50 cuando entrenaba al equipo de atletismo de Moscú, en su libro "Todo sobre el método pliométrico". Parece ser que en un entrenamiento de musculación a base de flexiones profundas de rodilla, Verkhoshansky propuso a sus atletas realizar únicamente media flexión con la idea de poder levantar de esta forma mayor peso. El resultado fue espectacular tanto positivamente: un 55% de incremento en el peso levantado, como negativo: ningún atleta fue capaz de entrenar al día siguiente por sobrecargas lumbares. (Verkhoshansky, 1999). Además, este autor se dio cuenta como los mejores triplistas, eran aquellos que invertían el menor tiempo en los apoyos, lo que suponía realizar una gran fase excéntrica de la musculatura y poder transformar rápidamente un movimiento excéntrico en un concéntrico efectuando un cambio de dirección. (Faccioni, 2001).

Los impresionantes resultados de Borzov, atleta ruso entrenado por Verkhoshansky en Munich 1972, activaron el interés de EEUU de la mano de Wilt, del que hablaremos más adelante, en el nuevo método.

 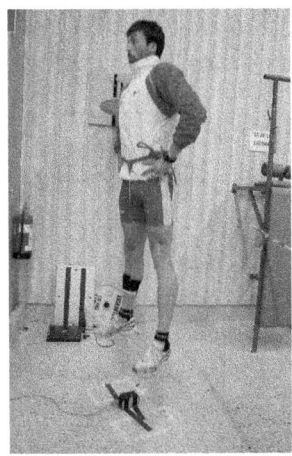

Figura 3. Salto pliométrico. Se llamo también en un principio entrenamiento de multisaltos o ciclo de acortamiento –estiramiento.

En los años 60, Margaria, médico e investigador, afirma que la producción de fuerza era mayor cuando se realizaba una contracción excéntrica seguida de una concéntrica que cuando únicamente se realizaba la contracción excéntrica. Sus investigaciones fueron utilizadas por la N.A.S.A y aplicadas a los primeros astronautas (Faccioni, 2001).

En 1966, Zaciorskiji, basándose en los trabajos de Margaria desarrolló un método de entrenamiento que mejoraría las acciones explosivas. Lo llamó pliométrico. (Zanon, 1989).

Lo que hoy entendemos como pliometría comenzó a utilizarse por los entrenadores de diversos deportes como gimnasia, atletismo o halterofilia en los países de Europa oriental durante la década de los 70. En un primer momento se refirieron a este tipo de entrenamiento como entrenamiento de multisaltos y no fue hasta 1975 cuando el estadounidense Fred Wilt, utilizó por primera vez el término Pliometría (Chu, 1999). Se ha hecho referencia también a la pliometría como el ciclo de estiramiento acortamiento (stretch-shortening cycle. (Malisoux L, et al., 2006) presente en muchos de los saltos utilizados como entrenamiento o test de campo: DJ, ABK, CMJ (Markovic 2007).

Poco a poco comenzó a atribuírsele a este método los impresionantes avances en materia de velocidad y salto de los atletas soviéticos que encontraban en este entrenamiento la forma de unir la fuerza y la velocidad de movimiento para generar potencia (Chu, 1999).

En la década de los 80, los entrenadores de otros deportes comenzaron a darse cuenta de la posibilidad de aplicar este método en sus disciplinas, así deportes como el voleyball, el levantamiento de peso, patinaje o football americano se beneficiaron de esta nueva herramienta.

Figura 4. Es uno de los mejores métodos para realizar la transferencia de la fuerza a la velocidad.

A partir de aquí cada vez son más los entrenadores o preparadores físicos que utilizaron el método pliométrico con efectos positivos en el rendimiento de sus deportistas. Según palabras del segundo entrenador del equipo de football americano Giants NFL Jhonny Parket "desde el momento que conocí la metodología soviética de entrenamiento y el método pliométrico, he comenzado a comprender como combinar racionalmente el entrenamiento de fuerza y el entrenamiento cíclico en la preparación anual de los Giants (Parker, 1987).

En 1998, Cometti publicó su obra Pliometría en la que además de exponerse la planificación de la misma a lo largo de la temporada, así como la utilización de diferentes ejercicios, se aportó la definición de los tres principios del entrenamiento pliométrico: En primer lugar, el principio basado en la colocación del segmento productor de fuerza. Se había probado con otros tipos de fuerza, pero al adecuarlo a la pliometría, Cometti consiguió ajustar el desarrollo de la fuerza polimétrica al momento de la temporada. Este primer principio estaba fundamentado en la anatomía. Como segundo principio, basado este en la cinemática, Cometti consiguió vencer una de las mayores críticas que se habían realizado hasta entonces contra el método pliométrico al adaptar éste a las diferentes disciplinas deportivas. Por último, las variaciones de tensiones que permitían ajustar la contracción concéntrica, isométrica o excéntrica, en diferente orden y prioridad, lo que permitía optimizar el rendimiento (Cometti, 1998).

Figura 5. La rapidez con que se realice la fase concéntrica del salto, será determinante para la fuerza desarrollada en la fase excéntrica del mismo.

Bompa, en su libro entrenamiento de la potencia aplicado a los entrenamientos, aseguró como el rendimiento específico de varios disciplinas se basaba en las acciones deportivas realizadas a la máxima velocidad como podían ser saltos o lanzamientos, aceleraciones o desaceleraciones. La correcta realización de estas acciones dependía de la expresión explosiva máxima de la fuerza así como de la potencia. Además estas acciones se basaban en el ciclo de estiramiento-acortamiento y del limitado tiempo empleado entre la fase excéntrica y la concéntrica. Habló también de la importancia que tiene la rapidez con que se realiza la fase concéntrica durante todas estas acciones, independientemente de la efectividad de la fase excéntrica. Así para mejorar los resultados, la velocidad de la fase concéntrica debían aumentar (Bompa, 2004).

Para Vittori (1990), se trataba de "la manifestación explosiva reactiva de la fuerza", la representación más comprometida de todas ellas, aquella en la que debía levantarse el mayor peso posible en la menor cantidad de tiempo y con una amplitud limitada.

Este método ofrece varias ventajas, por un lado el aumento de la capacidad de salto y la mejora de la coordinación intramuscular (Kotzamandist, 2006; Markovic, 2007), y por otro, el hecho de no presentar inconvenientes importantes para el atleta, siempre y cuando no se utilice en estados en los que no convenga una sobrecarga mecánica intensa de la musculatura, es decir, en periodos de desentrenamiento o sobreentrenamiento, tras una lesión, o en el tiempo previo inmediato a una competición (Léanse, 2005; Takano, 2010). Desde hace varias décadas, la mayoría de los resultados en atletas tras un entrenamiento pliométrico han ofrecido una alta eficacia ya que mejora significativamente tanto la fuerza explosiva como la explosiva –elástica (Herrero, 2006; Maffiuletti, 2008; Markovic, 2007; Verkhoshansky, 1999).

Para Verkhoshansky, las dos ventajas principales del método radicaban en el hecho de "tratarse de un medio simple que permite aumentar el rendimiento mecánico de cualquier acción motora deportiva que exija efectuar un elevado impulso de fuerza en un tiempo mínimo" y en tratarse de un "método muy eficaz para la preparación especial de la fuerza, favoreciendo el aumento de la fuerza máxima, de la fuerza explosiva y de la fuerza inicial así como la capacidad reactiva del sistema neuromuscular.

1.3. CLASIFICACIONES DE LAS MANIFESTACIONES DE LA FUERZA

Vittori (1990) realizó una clasificación de las manifestaciones de la fuerza en la que más adelante, Meaños (2002) se basó para asignar a cada una de ellas, una frecuencia de estimulo ideal para trabajar con la EMS. Así la fuerza podía comportarse como manifestación activa o manifestación reactiva. Dentro de las fuerza activa, tenemos la manifestación de la fuerza máxima dinámica que consiste en desplazar en un solo movimiento un peso sin tener para ello un tiempo limitado.

Pertenece también a este grupo la fuerza explosiva consistente en mover ese peso lo más rápido posible. El peso parte de una posición completamente estática.

Como manifestaciones de la fuerza reactiva tenemos: la fuerza explosiva-elástica que es la que acumula el músculo al realizar un estiramiento antes de acortarse. Esta fuerza la realizan los elementos elásticos en serie y se corresponden con los primeros apoyos del sprint. Y la manifestación explosiva-elástica-refleja, igual a la anterior, pero efectuada con la mayor velocidad posible y con una amplitud limitada. Esta es la que se emplea en el sprint, cuando el cuerpo ya lleva unos metros en movimiento. Esta última manifestación de la fuerza es la expresión más rápida de la misma, se tiene muy poco tiempo para explotarla, nueve centésimas de segundo. Este es el tiempo de apoyo en la carrera lanzada de velocidad.

Factores determinantes de las distintas expresiones de fuerza:

- Fuerza máxima dinámica: Mide la capacidad contráctil. El ejercicio que mide esta manifestación de la fuerza es aquel en el que desde una flexión de piernas, se realiza una extensión de las mismas con carga máxima y sin limitación de tiempo. La fuerza desarrollada es aproximadamente igual al peso del cuerpo más la carga soportada. El porcentaje de fuerza máxima dinámica en la fuerza explosiva es mayor que el porcentaje en la fuerza explosiva – elástica –reactiva.

- Fuerza explosiva: Desde una posición estática se realiza un salto vertical desde una posición de semiflexión (Squat jump (SJ)). Debe realizarse una extensión rápida y fuerte. Debe conseguirse un máximo reclutamiento de fibras instantáneo.

Si se mejora la fuerza máxima dinámica, mejorará también la fuerza explosiva, pero no tanto como si se mejora la capacidad de reclutamiento.

- Fuerza explosiva-elástica: Se añade el componente elástico a las anteriores fuerzas. La posición ya no es estática, se realiza una flexión con posterior extensión rápida de rodillas (Countermovement Jump (CMJ)).

La diferencia en centímetros entre el SJ y el CMJ es la capacidad elástica y en términos correctos de igualdad de las capacidades es del 20% de la altura del SJ.

- Fuerza Explosivo – elástico – refleja: Es la utilizada en los metros intermedios y finales del sprint. Puede medirse mediante el test de 4 o 5 saltos verticales seguidos con un rápido rebote en el suelo. Debe alcanzarse la mayor altura posible sin deformar demasiado la articulación del tobillo y/o la rodilla. O mediante el test de Abalakov (ABK) que es más específico del músculo cuádriceps.

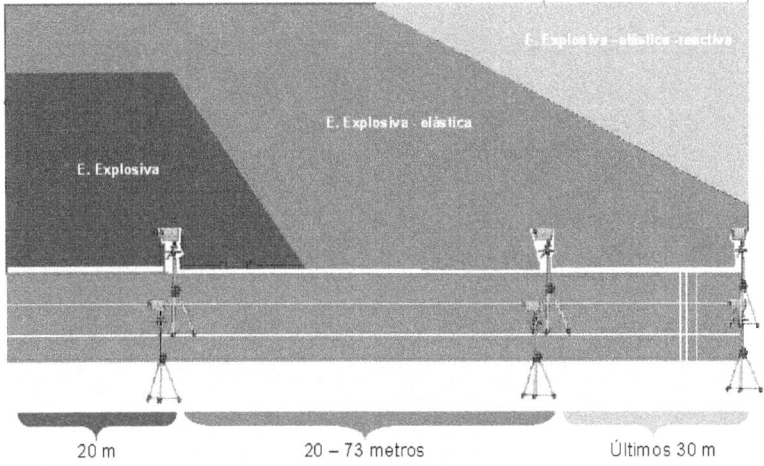

Figura 6. Representación de las diferentes manifestaciones de la fuerza en la prueba de los 100 m.l.

2. LA ELECTRICIDAD COMO BASE DE LA ELECTROESTIMULACIÓN NEUROMUSCULAR

La electricidad es la manifestación de la energía de los electrones situados generalmente en la última capa del átomo este movimiento de electrones se estudia a través de la ley de Ohm, de Joule y de Faraday.

Para que se genere este movimiento debe existir una polaridad o lo que es lo mismo, una zona de poca concentración de electrones denominada ánodo y que estará cargada de forma positiva, y otra zona donde la concentración sea mayor que estará cargada de forma negativa y denominaremos cátodo.

El concepto de carga eléctrica se referirá a la cantidad de electricidad o número de electrones disponibles en un espacio determinado y en un momento específico ahora bien, para que se produzca el movimiento de los electrones necesitamos la existencia de una fuerza electromotriz que provoque el desplazamiento de los mismos de una zona de exceso a una de déficit la unidad de esta fuerza o tensión eléctrica es el voltio (v) la tensión eléctrica se conoce también como diferencia de potencial.

La intensidad de la corriente será la cantidad de electrones que pasa por un punto en un segundo y su unidad es el amperio (a).

Por último debemos tener en cuenta el concepto de resistencia que será la fuerza de freno que pone la materia para evitar el movimiento de los electrones a través de ella su unidad de medida será el omnio (ώ). La resistencia en la materia viva es muy variable según su composición y el tipo de corriente aplicada.

La electricidad se propaga en un medio que será denominado conductor. El cuerpo humano se trata de un conductor de segundo orden (no permite demasiada intensidad eléctrica pero en caso de obligar el paso de la corriente, suele presentar manifestaciones de cambios físicos o químicos, dado que los iones serán los transportadores de energía). Los diversos tejidos del cuerpo humano presentan iones contenidos en las disoluciones y dispersiones coloidales, así la energía se trasmite a través de ellos no todos los tejidos permitirán de la misma forma la transmisión de la corriente encontrándonos:

- Tejidos poco conductores, aquellos que presenten pocos solutos disueltos en su agua como el hueso, la grasa, la piel gruesa, el pelo o las uñas debido a la grasa, debemos estudiar la impedancia de cada paciente ya que no todos los sujetos permitirán el paso de la corriente eléctrica de la misma forma (Lake, 1992).

- Tejidos medianamente conductores serán la piel, las fascias y los cartílagos gruesos.

- Tejidos muy conductores, sangre, linfa, vísceras y el sistema muscular.

Para transmitirse la corriente eléctrica a través del cuerpo, los electrones de la misma viajan unidos a los iones del tejido empujados por una fuerza electromotriz procedente de un generador externo, el aparato de electroestimulación, o por cargas internas del organismo.

Ley de ohm: establece la relación entre la resistencia, voltaje e intensidad.

Efecto joule: el movimiento o roce que se produce en las moléculas de la materia por la que se desplaza la electricidad y que son consecuencia del paso de está, provoca una nueva energía que generalmente se manifiesta en forma de calor. Este efecto se emplea en la electroterapia de alta frecuencia.

Ley de faraday: regula la cantidad de iones que se desplazan por la sustancia buscando un electrón de signo opuesto al suyo: "la cantidad expresada en masa de iones o soluto contenido en una disolución que se deposita o reacciona con los electrodos durante un tiempo, es directamente proporcional a la cantidad de energía eléctrica aplicada en el mismo tiempo. Y cuando al misma corriente pasa por varias cubetas electrolíticas en serie, las masas liberadas de cada sustancia son proporcionales a sus equivalentes electrolíticas".

3. PARÁMETROS DE ELECTROESTIMULACIÓN

El objetivo de la EMS aplicada al deporte no es otro que la estimulación del nervio motor sano a través de su placa motora con el fin de conseguir una contracción fisiológica del músculo (Maya, 2010). Pero la aplicación de la misma no se basa exclusivamente en la colocación correcta de los electrodos y la trasmisión de una intensidad necesaria de corriente. El empleo de la EMS como complemento al entrenamiento supone una administración minuciosa de todos los parámetros de corriente, la aplicación simultanea de una adecuada contracción muscular y la programación del método adaptada al momento de la temporada y lo que es más importante, al entrenamiento que va a complementar. Así pues aunque los efectos de la EMS van a depender de las propiedades intrínsecas de los tejidos a los que se aplique, según se combinen los parámetros orientaremos el trabajo muscular hacia uno u otro objetivo (Herrero 2006).

3.1 TIPO DE CORRIENTE

Existen varios tipos de corrientes excitomotoras que pueden ser usadas para la mejora de la fuerza muscular. La clasificación más generalizada las separa entre corrientes de baja frecuencia o corrientes de media frecuencia. Entre las de baja frecuencia se han utilizado las bifásicas o monofásicas para el fin de la electroestimulación neuromuscular. Entre las de media frecuencia se han utilizado las corrientes rusas o de Kots y las farádicas (Benito, 2008).

Cuando hablamos de corrientes de baja frecuencia debemos puntualizar que las utilizadas en la EMS con objeto de mejorar la fuerza muscular son cuatro: corriente rectangular monofásica, corriente rectangular bifásica simétrica, corriente rectangular bifásica asimétrica y corriente sinusoidal bifásica simétrica. (Herrero, 2009, tesis doctoral). Las corrientes bifásicas suponen una inversión de la segunda fase del impulso, lo que desencadena un potente efecto motor (Meaños, 2002). Los impulsos simétricos o compensados se dan cuando ambas fases tienen la misma forma, amplitud, duración e intensidad.

Coarsa (2000), demuestra que con la misma intensidad de corriente y duración de impulso, las corrientes farádicas y las interferenciales, consiguen la misma fuerza de contracción. Las interferenciales, descubiertas por el Dr. Nemec, se caracterizan por utilizar dos corrientes de diferente longitud de onda desfasadas entre si. Al interferir entre ellas dan como resultado una corriente de baja frecuencia que se localiza en profundidad (Meaños, 2002). Estas corrientes tienen efectos antiinflamatorios, vasculares, excitomotora en profundidad y acción analgésica. Por otro lado, las corrientes farádicas sirven de base para trenes modulados en las corrientes excitomotoras, se trata de una corriente triangular con impulsos de un milisegundo de duración y una frecuencia de 100 Hz.

Por otra parte, Lake (1992), parece estar de acuerdo con Kramer et al. (1984), en que la corriente bifásica es la más efectiva para provocar el mayor porcentaje de fuerza isométrica, incluso afirma que la bifásica simétrica consigue mejores resultados que la asimétrica.

Además, Cigdem (2002) obtiene como resultado en sus estudios que no existen diferencias significativas en cuanto al aumento de fuerza se refiere, entre las corrientes interferenciales y las corrientes de baja frecuencia.

Sin embargo, Kramer et al. (1984) comparan la eficacia en cuanto a aumento de fuerza se refiere, entre tres tipos de corrientes (bifásica asimétrica rectangular, bifásica asimétrica triangular y monofásica simétrica cuadrada) no encontrando diferencias significativas entre ellas, aunque los sujetos coincidían en que la bifásica asimétrica rectangular, era la percibida como más confortable.

A partir de lo anterior, Lauren (2008) comprueba la diferencia de disconformidad, medida a través de una escala analógica visual, causada por corrientes de media y baja frecuencia. La diferencia entre ambas no es significativa pero si la diferencia entre la intensidad necesaria para lograr la misma contracción, es mucho menor para la corriente de baja frecuencia.

Petrofsky (2008) afirma respecto a la forma de la onda que la onda cuadrada produce menor contracción que la sinusoidal utilizando ambas con la misma intensidad de corriente. Además demuestra que la onda de forma sinusoidal pasa más fácilmente a través de un condensador. Por otro lado Vanderthomen y Criellaard (2001) dan importancia a la forma de impulso, debiendo ser ésta completamente rectangular, sin líneas oblicuas, para garantizar su máxima eficacia. Los mismos resultados obtienen Stefanovska y Vodovnik al comparar dos tipos de onda bifásica, una rectangular y otra sinusoide, y obtener que la rectangular consigue un 13% más de fuerza muscular que la sinusoidal.

Pombo (2004) asegura que nuestra intención debe ser siempre conseguir la mayor superficie de excitación con la menor intensidad y menor tiempo de corriente posible, para ello afirma que la forma de onda cuadrada es la que más se acerca a esta perfección.

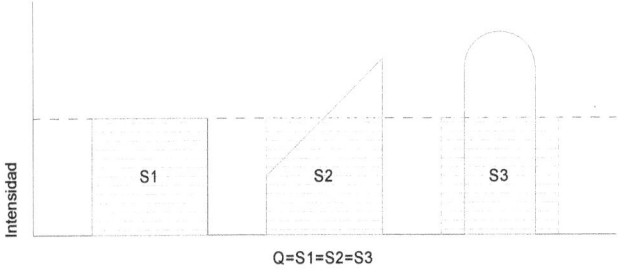

Figura 7. Las áreas de intensidad de cada onda son iguales independientemente de la forma de onda.

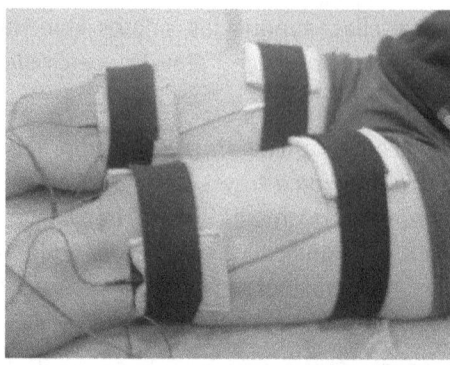

Figura 8. Contracción conseguida en músculo cuádriceps mediante EMS.

Centrándonos en la rectangular bifásica simétrica, una de las más utilizadas para potenciación muscular (Nelson, 1999), y la que Laufer (2001) defiende como más eficaz y que menos fatiga provoca en los procedimientos de fortalecimiento muscular, (Nelson RM. Et al., 1999) cabe decir que presenta una serie de indicaciones en función de los objetivos que quieran perseguirse: aumento de la fuerza instantánea, mejora de la propiocepción articular o muscular, entrenamiento muscular tanto a medio como largo plazo, etc. Además el hecho de que su componente neto de corriente galvánica sea cero, la hace especialmente atractiva para el entrenamiento de atletas puesto que sea cual sea la intensidad a la que vaya a ser utilizada, sus efectos polares bajo los electrodos serán nulos (Maya, 2010).

3.2 FRECUENCIA DE CORRIENTE

La frecuencia es el número de veces que se repite la onda eléctrica en un segundo. Su unidad de medida es el Hz (Benito, 1974) y es el parámetro terapéutico más importante (Maya, 2010). Así se establece como corrientes de baja frecuencia todas aquellas en las que la frecuencia sea menor a 40 Hz, y tendrán como objetivo la recuperación, capilarización u oxigenación del músculo. Las superiores a 40 Hz serán las altas frecuencias empeladas cuando nuestro fin sea la fuerza muscular. (Herrero, 2006). En función de la frecuencia aplicada se obtendrán efectos diferentes (Meaños, 2002):

De 1 a 3 Hz: Mediante estas corrientes obtendremos unos efectos relajantes y descontracturantes. La disminución del tono conseguida se mantiene durante varias horas tras el tratamiento. Algunos aparatos de electroestimulación intercalan frecuencias de 1 a 3 Hz en los periodos de reposo entre contracciones de frecuencia más elevada. Es útil utilizarlo para facilitar al músculo la recuperación entre contracciones.

De 4 a 7 Hz: Conseguimos con estas frecuencias un efecto antiálgico debido a la liberación de endorfinas y encefalinas que produce. Es ideal para eliminar edemas y metabolitos acumulados por el ejercicio. Frecuencias cercanas a los 4 Hz tienen un efecto más antiálgico y según nos aproximamos a los 7 Hz tomará mayor importancia el aumento del flujo sanguíneo.

De 8 a 10 Hz: Aumento máximo del flujo sanguíneo (Zicot y Rigaux, 1995). Se generan nuevos capilares sanguíneos.

A partir de los 10 – 20 Hz comienza la contracción muscular pudiendo ser selectiva la activación de unas u otras fibras musculares a través de la frecuencia de corriente empleada:

De 10 a 33 Hz: Reclutamiento de fibras lentas o fibras tipo I. Se aumenta la resistencia de las mismas. Mediante esta frecuencia puede aumentarse la resistencia muscular localizada además de poder provocarse una transformación de fibras tipo I en fibras tipo IIa.

De 33 a 50 Hz: Se estimulan las fibras intermedias tipo IIa incrementándose la resistencia a la fatiga.

De 50 a 75 Hz: Reclutamiento de fibras intermedias tipo IIb aumentando la fuerza y la resistencia muscular localizadas. Se consigue una hipertrofia muscular máxima entre los 70 y 75 Hz. Lanzan (2000) expone una de las ventajas más importantes de la

EMS frente al ejercicio físico, la posibilidad de trabajar de forma aislada ciertas fibras musculares.

De 75 a 150 Hz: Supertetanización de las fibras IIm. Se mejoran las manifestaciones reactivas de la fuerza. Permite realizar contracciones musculares máximas a gran velocidad sin dañar para ello el cartílago articular al no tener que soportar grande pesos.

A partir de esta clasificación han sido varios los autores que han conseguido resultados mediante diferentes frecuencias de EMS en diferentes ámbitos deportivos.

Child (1998), establece las diferencias entre un protocolo que utiliza una frecuencia de 20 Hz y otro de 100 Hz. Además de demostrar que el pico de fuerza máximo es mayor en el protocolo que utiliza una frecuencia de 100 Hz, lo reafirma al comprobar que la actividad de la fosfocreatina es también mayor con la frecuencia más elevada. Anteriormente y apoyando esta idea, Binder-Macleond y cols., en 1995, realizaron un estudio en el que dejando fijos el resto de parámetros de corrientes incluida la intensidad de la misma, demostraron como la fuerza evocada aumentaba a medida que la frecuencia de corriente se elevaba. La explicación a este hecho se basa en la sumación temporal, y en la alta frecuencia de tetanización de las unidades motrices rápidas.

Más tarde, Meaños (2002) clasifica las frecuencias según el tipo de fuerza muscular que se quiera conseguir. Así pues para aumentar la fuerza máxima utiliza frecuencias de hasta 120 Hz, pero cuando se trata de fuerza explosiva - elástica - reactiva, emplea frecuencias de hasta 150 Hz. Por lo tanto frecuencias entre los 70 y 120 Hz (Babault, et al., 2007; Brocherie, et al., 2005; Child, et al., 2000; Gondin, et al., 2005; Martin, 2005, 2006; Hainaut, et al., 2002; Lake, 1992; Lyons, et al., 2005; Maffiuletti, et all., 2000; Paillard, et al., 2006; Toca-Herrera, et al., 2008; Valli, et al., 2002; Vanderthommen, et al., 2001), aumentarían sólo la fuerza máxima. Por ello, Brocherie (2005) consigue una mejora de la distancia de 10 metros, en la que se usa la fuerza máxima, y no en la de 30 metros donde se utiliza la fuerza elástico reactiva.

En la mayoría de estos estudios además, lo que se mide es la fuerza máxima y no las componentes reactivas de la fuerza, por lo que con frecuencias inferiores, entre 70 y 100 Hz, puede ser suficiente (Babault, 2007; Hainaut, 1992; Lake, 1992; Maffiuletti, 2000; Meaños, 2002; Toca-Herrera, 2008; Vanderthommen, 2001). Así, Herrero et al. (2006) y Maffiuletti et al. (2002) utilizan frecuencias de 115-120 Hz, límite para el entrenamiento de fuerzas máximas y fuerzas reactivas (Paillard, et al., 2004), pero al añadir pliométricos al entrenamiento, consiguen mejoras en el CMJ (componente elástico explosivo de la fuerza).

En los estudios de Basas (2003), se afirma que para aumentar la fuerza explosiva deben usarse frecuencias superiores a 40-50 Hz. Otros estudios (Caggiano, et al., 1994; Child, 1998; Holcomb, et al., 2008; Liebano, et al., 2009; Petrofsky, 2008; Venable, et al., 1991) usaron frecuencias inferiores. En algunos de ellos, la muestra empleada eran personas de edad avanzada y no deportistas de élite (Caggiano, 1994), en estos últimos se debe aumentar la frecuencia de estimulación para conseguir aumentos importantes de fuerza muscular.

Gorgey en 2006 se da cuenta de que la fuerza conseguida en el cuádriceps por una corriente de 25 Hz es mucho menor que la que produce una corriente con los mismos parámetros en los que se varía únicamente la frecuencia siendo esta de 100 Hz.

Lo que esta claro es que existe una relación, aunque no lineal, entre la frecuencia de corriente aplicada y la fuerza, daño y fatiga muscular provocada, dato que habrá que tener en cuenta según el objetivo perseguido, puesto que no será lo mismo buscar la rehabilitación del cuádriceps en una persona sana tras una cirugía del ligamento articular de la rodilla, que la realización de un protocolo de entrenamiento de un deportista de élite.

3.3 NÚMERO DE SESIONES SEMANALES

Respecto a la posología semanal a aplicar, Parker et al. (2003) demuestra en su estudio que el protocolo que utiliza 3 días/semana, consigue mejores resultado en cuanto a fuerza muscular se refiere que cuando aplicamos la EMS 2 días en semana, aunque los resultados no son significativos. Meaños (2002) afirma por otro lado que son necesarias 72 horas para recuperarse de una sesión de electroestimulación muscular empleada para aumentar la fuerza muscular explosiva. Por esto, debido a que los depósitos energéticos tardan entre 48 y 72 horas en reponerse tras un entrenamiento de fuerza (Cometti, 1998), y a que la EMS se asemeja a dichos entrenamientos, resultaría complicado realizar sesiones de EMS diarias como Ward (2002) o Cigdem (2002).

A partir de lo anterior, Babault (2007) comienza las primeras 6 semanas con una frecuencia de 3 días en semana para descender a 1 día semanal las siguientes 6 semanas, se basa en la realización de un programa de entrenamiento con EMS según los ciclos de entrenamiento-competición.

3.4 ANCHO DE IMPULSO

El ancho de impulso es la altura que tiene la onda en su parte positiva (Benito, 1974).

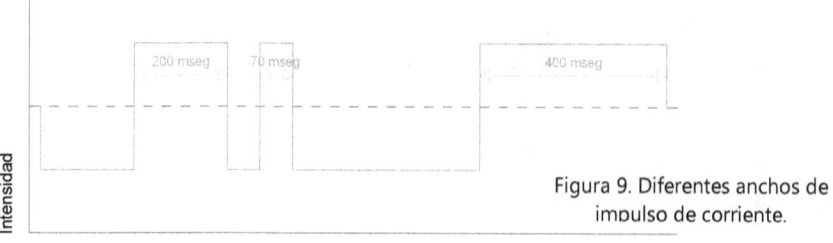

Figura 9. Diferentes anchos de impulso de corriente.

Estudios como los de Howson (1978) hablan de estimular las neuronas con impulsos de duración de fases muy cortas ya que de esta forma pueden ser estimulados los nervios motores sin hacerlo los nervios delgados no mielinizados o nociceptivos encargados de conducir la sensación dolorosa al cerebro. Por otro lado, para que el estimulo eléctrico sea eficaz y produzca contracción muscular, tiene que tener una intensidad, duración y velocidad determinado. La relación entre la amplitud de la corriente y la duración de fase determinara si un impulso es o no efectivo de tal forma que si se reduce la fase, se deberá aumentar la amplitud para provocar un estimulo apropiado y viceversa (Maya, 2010). Pero a pesar de todas estas relaciones debemos tener también en cuenta la ley de Lapique, por la cual, para producir una contracción muscular apreciable, el ancho de impulso de la corriente aplicada debe ser al menos igual a la cronaxia muscular. Esto no es un dato objetivo ni constante puesto que, la cronaxia muscular varía según los sujetos e incluso con el entrenamiento, Coarsa asegura que tanto la cronaxia muscular como la nerviosa aumentan con el ejercicio, pero podría servir como valor orientativo para conocer por debajo de que anchos de impulsos será difícil conseguir una contracción muscular visible.

Ya en 1985 a Bowman le pareció un parámetro relevante en los resultados de fuerza muscular que podría generar el entrenamiento con EMS, por lo que comparó dos corrientes en las que variaba el ancho de impulso, una de 50 Mseg y otra de 300 Mseg. Fue la de mayor ancho de impulso la que logró mejoras más significativas en la fuerza muscular del cuadriceps.

Aun así, respecto a este parámetro parece existir un mayor consenso y la mayoría de los autores apuntan hacia anchos de impulso próximos a los 300 Mseg. Así Babault (2007), utiliza un espectro que va desde los 300 hasta los 400 Mseg., Linares et al. (2004) de 200 a 300 Mseg, Vanderthommen (2001) habla de aplicaciones entre 200 y 400 Mseg. y Toca-Herrera (2008) y Wigerstad-Lossing et al. (1988) fijan su ancho de impulso en 300 Mseg.

Otros autores como Coarsa (2000), van más lejos y relacionan el ancho de impulso con la intensidad que sería necesaria aplicar afirmando que, a mayor ancho de impulso se precisa menos intensidad.

Por otra parte Cigdem (2002), Caggiano (1994) y Pillard (2006) utilizan frecuencias próximas a los 100 Mseg., aunque en sus estudios miden fuerza isométrica y no fuerzas reactivas. Holcomb (2006), utiliza anchos de impulso muy elevados, 600 Mseg., quizás por ello necesite mayores tiempos de reposo.

Gorgey en 2006 compara la fuerza conseguida por corrientes de diferentes parámetros llegando a la conclusión que el ancho de impulso determina la sección de músculo estimulada.

3.5 TIEMPO DE IMPULSO – REPOSO

Este parámetro habla de la proporción existente entre el tiempo de paso de corriente y el tiempo de reposo, es decir, el tiempo transcurrido hasta un nuevo paso de corriente, o lo que es lo mismo, el tiempo de duración de un ciclo que englobe el tiempo de trabajo o impulso y el tiempo de reposo.

Kots y Xvilon (Herrero, 2006) valoraron la aplicación de estímulos de corriente de 15 s. de duración, obteniendo que a partir del 12, 5 s., la fuerza conseguida comenzaba a decaer, por ello, cambiaron el tiempo de estimulación para estudios posteriores a 10 s.

El entrenamiento de la fuerza explosivo-elástica-refleja requiere tiempos de reposo elevados, por ello cuando trata de entrenarse este tipo de fuerza mediante la EMS, es importante la relación entre tiempo de impulso y de reposo. Además hay que tener en cuenta que el cambio en el reclutamiento de las fibras, mediante la EMS se reclutan primero las fibras tipo II y no las tipo I como en el ejercicio voluntario, contribuye a un aumento de la fatiga muscular (Raquena, et al., 2005).

Meaños (2002) afirma que el tiempo de contracción debe estar relacionado con la frecuencia de tal forma que, al aplicar la corriente con frecuencias elevadas, deben establecerse tiempos de contracción más cortos que cuando ésta se utiliza con frecuencias menores. Así pues este autor establece tiempos de contracción de tres segundos para entrenamientos destinados a conseguir una mejora del componente explosivo-elástico-reflejo de la fuerza. En cuanto al tiempo de reposo este autor habla de tiempos entre 15 y 35 segundos, por lo que la proporción entre el tiempo de contracción y de reposo que establece va desde 1:5 a 1:7. Muchos autores han sido los que han compartido la idea de Meaños y aplicando en su protocolo una relación de 1:5: Linares (2004), el propio Kots según Ward (1970), Coarsa (2000), Lake (1992) aunque también está de acuerdo con la postura del 1:3, Hainaut (1992), Holcomb (2005), Lyons (2005), Brocherie (2005) o Caggiano (1994), Pichon, Maffiuletti (2002), Holcomb (2006) o Gondin (2005). Valores similares son utilizados por Herrero (2005) y Cigdem (2002) que establecen una proporción de 1:4. Toca- Herrera en el 2008 va más lejos aún siendo el que menos tiempo de reposo aplica, relación 1:1, aunque bien es cierto que sus estudios miden fuerza isométrica y no el componente reactivo de la misma. Hainaut en 1992, utilizó también esta proporción al igual que Vanderthommen et al. (1999), aunque en este caso la intensidad de corriente sólo alcanzaba le 20 % de la fuerza máxima de contracción voluntaria isométrica. Por otro lado, algunos autores como Venable (1991) alcanzan proporciones de 1:6.

Son Matheson y cols., en 1997 los que realizaron un estudio para determinar que tiempos de reposo permitían obtener contracciones musculares más efectivas y cuales requerían mayores demandas energéticas, así al comparar un protocolo con 10 segundos de contracción y 10 de reposo y otro en el que se mantenía el tiempo de contracción pero se elevaba por 5 el de reposo, se dieron cuenta que la fatiga muscular era mayor en el primer protocolo aumentando en la espectroscopia de resonancia magnética nuclear (RNM) la relación de fósforo inorgánico y fosfocreatina y siendo mayor en el primer protocolo el descenso de PH intramuscular. El descenso de la fuerza evocada tras 12 contracciones fue mayor en el primer protocolo. Tras este estudio, en 2006 Holcomb realiza una investigación para determinar que tiempo de reposos es el más adecuado. Los resultados de su estudio muestran que entre las proporciones 1:3 y 1:12, esta última es la que ocasiona menor cansancio al músculo aunque es cierto, que este autor emplea tiempos de contracción de 10 segundos, que si ya son demasiado largos para el tipo de fuerza que intenta incrementar (fuerza máxima voluntaria isométrica) están muy lejos de los supuestos como adecuados por Meaños (2002) para incrementar el componente reactivo de la fuerza.

Por otra parte, Basas (2001) modifica el tiempo de contracción según la EMS sea aplicada junto con un movimiento dinámico, 3 s o con un ejercicio estático o isométrico, de 3 a 5 s.

Es preciso nombrar que muchos electroestimuladores del mercado permiten establecer tiempos de rampa, a través de los cuales, la corriente subirá durante un tiempo prefijado o tiempo de apertura para mantenerse después el tiempo establecido a la intensidad ordenada y bajar nuevamente y progresivamente en una rampa de cierre hasta el tiempo de reposo. Este efecto produce una sensación más confortable de tolerancia a la corriente (Porcari y cols., 2005), pero nunca lo hemos utilizado en nuestros estudios de entrenamiento puesto que no es lo que fisiológicamente ocurre en el gesto deportivo, en el que la contracción voluntaria se produce lo más explosivamente posible y en el periodo de tiempo más corto posible. Aún así es un parámetro importante cuando la electroestimulación es utilizada en protocolos de rehabilitación o vuelta a la actividad física tras lesión.

3.6 INTENSIDAD DE CORRIENTE

La intensidad de corriente eléctrica es la cantidad de corriente que pasa por un conductor. Su unidad de medida es el amperio (Benito, 1974) y vendrá determinada por la densidad de corriente admisible y por la dimensión de los electrodos (Schmid, 1987).

Alon y cols definieron en 1999 cuatro umbrales de intensidad de corriente: sensitivo (cuando el sujeto comienza a sentir la corriente), motor (cuando se aprecia visualmente contracción muscular), dolor (cuando la sensación que provoca la corriente es desagradable) y máximo dolor (la máxima intensidad que el sujeto es capaz de tolerar). Estos mismos autores se dieron cuenta que la intensidad para alcanzar esto umbrales, era menor en las mujeres que en los hombres aunque si los valores de intensidad se miden por unidad de masa muscular, las diferencias desaparecen pudiéndose concluir que la intensidad de corriente tolerada no depende del sexo sino de la cantidad de masa muscular. Por otra parte se sabe que los sujetos entrenados en este método, toleran mayor intensidad de corriente que los no entrenados.

La intensidad de corriente deberá adaptarse al momento de la temporada o del microciclo en el que nos encontremos y variará por varios motivos de un sujeto a otro, por la impedancia por ejemplo (Meaños, 2002; Petrofsky, 2008) que estará determinada por el estado de la piel del paciente (humedad, vellosidad, inervación o espesor de la epidermis. Pero debemos tener siempre en cuenta que la cantidad de fuerza muscular generada por la corriente, aumenta considerablemente entre los umbrales de dolor y máximo dolor. Por ello Delito (1989) estableció como principio que para que la EMS fuese un método efectivo para la ganancia de fuerza muscular, esta debía ser aplicada de forma que produjera dolor al sujeto. A pesar de ello sin embargo, no puede afirmarse que exista una relación lineal entre la intensidad de corriente aplicada y la fuerza muscular generada ya que en ello, intervienen otros muchos parámetros de corriente como puede ser el ancho de impulso. Pero si existe una relación directa entre el momento de fuerza producido y la ganancia de fuerza generada o lo que es lo mismo, en un entrenamiento con EMS, lo que determina la ganancia de fuerza no es la intensidad de corriente aplicada sino la respuesta muscular evocada por la misma por lo que no puede establecerse a priori una carga de entrenamiento determinada como en otro tipos de entrenamientos. (Coarsa, 2000).

Ward (2002) demuestra que a medida que pasan los días de entrenamiento con ES NM, hay mayor tolerancia a la intensidad de corriente.

Babault (2007) y Holcomb (2005) hablan de una intensidad que consiga un 60 % de la prueba de contracción voluntaria máxima (con dinamómetro) aunque se sabe que en deportistas entrenados, los ejercicios pliométricos suponen entre un 150 y un 200% de la contracción voluntaria máxima (Cometti, 1998).

El parámetro intensidad es uno de los más heterogéneos en los programas de EMS, por lo general se presenta como % de fuerza de contracción isométrica máxima, aunque muchos autores también hablan de la máxima intensidad tolerada por el atleta (Brocherie, 2005; Gigdem, 2002; Gondin, 2005, 2006; Herrero, 2002, 2006; Holcomb, et al., 2007; Lake, 1992; Lyons, 2005; Valli, 2002). En todo caso si se utiliza algún porcentaje de la fuerza máxima isométrica, la intensidad necesaria para ello debe ser medida en cada sesión puesto que cambiará según el día (Ward, 2002) y según la impedancia de ese día (Petrofsky, 2008) que puede variar por la alimentación del sujeto o por la propia temperatura ambiente, electrodos etc.

En cuanto a los porcentajes de contracción voluntaria isométrica máxima, muchos han usado un 60% (Brocherie, 2005; Colson, et al., 2000; Maffiuletti, 2002; Pichon, 1995; Valli, 2002; Venable, 1991) otros un 50% (Child, 1998), incluso algunos han llegado al 100% (Delitto, et al., 1989). Cuando la intensidad es aplicada hasta el umbral máximo tolerado por el deportista, es muy probable que aparezcan agujetas o dolores musculares durante la primera semana de tratamiento, e incluso que aparezcan estos en la musculatura antagónica debido a que al inhibirse el reflejo miotático con la EMS, se activan otros principios como la contracción de la musculatura antagonista.

Por último respecto a este parámetro recalcar que debe ser modificado en cada sesión e incluso dentro de la misma puesto que existe una acomodación del nervio a la corriente por una parte, y por otra debido al hecho de que las fibras musculares bajo los electrodos se fatigan de forma más temprana, y si la intensidad de corriente no es adaptada a la nueva situación, el porcentaje de fuerza generado disminuirá de forma considerable desde el inicio hasta el final de la sesión. (Akima y cols 2001)

3.7 TIEMPO DE TRATAMIENTO

Respecto a este parámetro parece existir un mayor consenso estableciendo tiempos entre 10 y 15 minutos la mayoría de los autores.

Bien es cierto que no hemos encontrado ningún estudio que compare tiempos de aplicación diferentes. Meaños (2002) habla de tiempos de aplicación de 8 a 15 minutos para lograr incrementos de la fuerza explosiva.

Parece que muchos autores se acogen a estos tiempos en sus protocolos: así Babult (2007), Pichon (1995), Vanderthommen (1999) y Broherie (2005) utilizan tiempos de aplicación de 12 minutos y Parker (2003), Ward (2002), Hainaut, (1992), Caggiano (1994) y Balagum (1993), utilizan tiempos de diez minutos.

Sin embargo, Cigdem (2002), Holcomb (2006) y Pillard (2004), apuestan por tiempos más largos y trabajan durante 15 minutos.

No obstante, existen al menos dos autores que utilizan tiempos de aplicación muchos más largos Herrero (2005) que utiliza tiempos de 29 minutos y Valli (2002) con 30 minutos. Parecen tiempos demasiado largos para entrenar la fuerza dado que Herrero además aplica una proporción entre el tiempo de estímulo y reposo de 1:3, y Valli de 1:2.

3.8 COLOCACIÓN DE LOS ELECTRODOS

La colocación de los electrodos es fundamental para obtener una buena respuesta muscular (Lake, 1992; Basas 2001).

Debemos tener en cuenta que existe un electrodo activo, su efecto es despolarizante y actúa en el punto donde queremos excitar el músculo o tronco nervioso. En el caso de una corriente bifásica es similar utilizar uno u otro electrodos aunque aquel en el que le potencial empieza por la fase negativa es algo más activo. (Meaños, 2002).

Basas (2001) decide aplicar la EMS en cuadriceps a través de dos canales diferentes con un electrodo proximal común para formar ambos canales: el primero con los electrodos distales del vasto externo y central y el segundo con el electrodos distal del punto motor del vasto interno. Esto es así puesto que las diferencias de excitabilidad del vasto interno y el externo hacen necesaria la utilización de dos canales diferentes de EMS (Coarsa, 2000). Utilizando un sólo canal podría haber diferencias o desequilibrios musculares (Cometti, 1998).

En cuanto a la zona anatómica de colocación de electrodos, varios autores son los que suelen colocar el electrodo activo en el punto motor del músculo (Babault, 2007; Benito, 2008; Lake, 1992; Paillard, 2006; Basas 2001; Benito 2010) y el otro en la zona proximal, a la altura del triángulo femoral (Holcomb, 2005; Maffiuletti, 2000), siendo el punto motor, la zona del músculo donde los electrodos consiguen con al misma corriente una contracción más eficaz. (Hainaut y Duchateau, 1992; Lake, 1992).

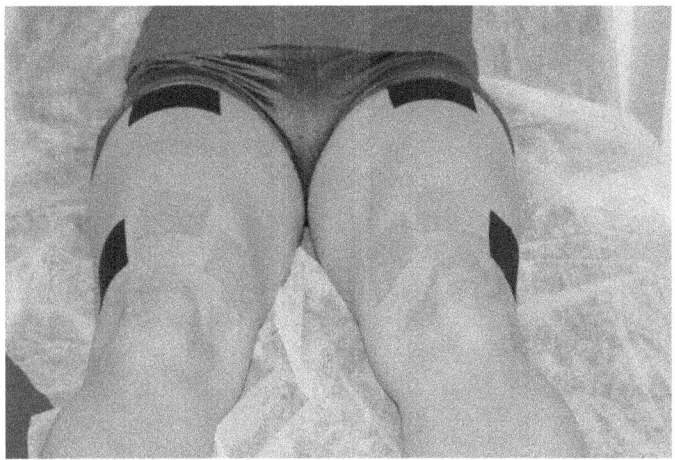

Figura 10. Colocación de electrodos para la sesión de EMS.

Además hay que decidir si se estimula el punto motor o el nervio así, autores como Coarsa (1995), han demostrado que la cronaxia de ambos puntos para el mismo músculo es similar e inversa a la velocidad de excitabilidad.

Por último concluir respecto a al colocación de los electrodos, que la línea que forman los polos positivo y negativo, deben estar alineados de forma longitudinal al músculo para que se alcance la máxima contracción voluntaria isométrica máxima. Esta orientación puede llegar a incrementar un 64% la fuerza generada mediante al EMS (Brooks y cols., 1990).

3.9 EJERCICIOS QUE SE COMBINAN

Holcomb (2005) dejo claro en sus estudios que una de las principales desventajas del método de EMS es la falta de coordinación intramuscular. Además Maffiuletti (2002) y Boberts (1996) hablaron de cómo la EMS restaba la capacidad elástica al músculo por lo que era necesario combinarlo con algún ejercicio voluntario que pudiera devolverla.

Ningún autor que hayamos encontrado en la bibliografía ha superpuesto la EE NM al ejercicio voluntario pliométrico salvo Basas (2003). Este autor ha trabajado con saltadores de alto nivel realizando un protocolo en el que se realizaba un ejercicio voluntario en el momento en el que el atleta notaba la descarga eléctrica. A medida que se avanzaba en el protocolo se pasaba de ejercicios isométricos a concéntricos para aplicar después ejercicios excéntricos. Basas cree que no puede aplicarse la electroestimulación dinámica en isquiotibiales o gemelos debido al dolor que genera la técnica. Utiliza además una técnica en la que el músculo se encuentra en posición de estiramiento cuando recibe la descarga eléctrica y el paciente realiza entonces una contracción isométrica. Esta técnica se aplica para aumentar la fuerza sin perjudicar la elasticidad o para el tratamiento de ciertas tendinopatías.

Otros autores han combinado la EMS con ejercicios voluntarios: Ward (2002), Wigerstad-Lossing (1988) o Maffiuletti (2000) realizando ejercicios concéntricos.

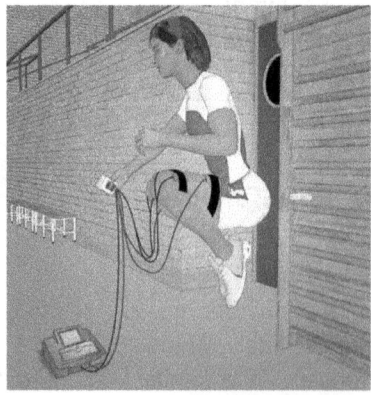

Figura. 11. Combinación de la EMS con un ejercicio de salto pliométricos.

A partir de lo anterior, Herrero (2006) estudia las diferencias entre un entrenamiento a base de ejercicios pliométricos, otro basado en electroestimulación, y un tercero que combina ambos métodos aunque en diferentes momentos es decir, no superpone la EMS al ejercicio pliométrico.

Pillard (2008) dedica todo su estudio a comparar la electroestimulación combinada con ejercicio voluntario frente a ambos métodos aislados y obtiene que la terapia combinada consigue mejores resultados que la contracción voluntaria. Aunque en este artículo no superpone dichos métodos. En otro estudio, en el 2006, este mismo autor ya había afirmado que la superposición de la electroestimulación al ejercicio voluntario aumenta el número de unidades motoras reclutadas y aumenta así la fuerza de contracción. Afirma además que esto sólo ocurre con el ejercicio excéntrico.

En una de las cartas escritas en la revista Sport Medicine entre Pillard y Maffiuletti (2008) se dice que la EMS necesita mayores demandas de metabolitos que la contracción voluntaria, por ello quizás necesitaría el músculo más tiempo de recuperación. Además afirma que es necesario combinar la electroestimulación neuromuscular con ejercicios específicos de cada deporte para conseguir los cambios o adaptaciones necesarias así como el control motor.

Además, Vanderthommen (2001) apoya que las adaptaciones fisiológicas producidas en la terapia combinada son mucho mayores que las que se producen en terapias aisladas, ya sea de electroestimulación neuromuscular o de ejercicio voluntario.

Por otra parte, Cometti (1998) descubre en uno de sus estudios en los que compara la ganancia de fuerza muscular entre un programa de contracción voluntaria versus un programa de contracción voluntaria más electroestimulación que, para alcanzar la misma fuerza, el uso de la electroestimulación neuromuscular reduce el tiempo necesario en una proporción de 1:3.

Nombre	Año	Tipo corriente	FC	N° S/W	A.I	T. C/ T.R	Intensidad	T.T	Ejercicio
Cumier	1983	Rusas	2500	3	110	15 s/ 50 s		11	Ninguno
Fahey	1985		50	3		10 s/ 50 s			
Wigerstad -Lossing	1988		30	3	300	8 s/ 10 s	100 mA		Voluntario
Delito	1989	Triangular	2500	3	200	11 s/ 180 s	Máxima		
Venable	1991	Bif simet cuadrada	50	3	200	10 s/ 60 s	60% CVM		
Lake	1992	Bif simet cuadrada	60 100		300 400	12 s/ 8s			
Poumarat	1992	Bif simet cuadrada	30-80		600				Isocinético
Balogum	1993		80	3	65-75	10 s/ 50 s		10	Ninguno
Caggiano	1994		25-50	3	110	15 s/ 50 s	40% CVM	10	Ninguno
Pichon	1995		85	3	300	6 s/ 20 s	60% CVM	12	
Holcomb	1997				300 500				
Child	1998		100				50% CVM		
Child	1998		20				50% CVM		
Maffiuletti	2000	Bif simet cuadrada	100	3	400	3 s/ 17 s	80% CVM		Ninguno
Coarsa	2000	Bif simet	70		300	6 s /50 s			

Nombre	Año	Tipo corriente	FC	N° S/W	A.I	T. C/ T.R	Intensidad	T.T	Ejercicio
Colson	2000		80	3	240		60-70% CVM		
Maffiuletti	2002	Bif simet cuad	120	3	400	3 s/ 17 s	60% CVM		Pliometría
Valli	2002		60-90	3		7 s / 15 s	Máxima	30	Ninguno
Ward	2002	Kots	2500	7		10 s/ 15 s		10	
Cigdem	2002		85	5	100	13 s/ 50 s	Máxima	15	
Basas	2002	Bif simet cuadrada	50		300				Iso-Con-Exc
Parker	2003	Sinusoidal	5000	2	200	10 s/ 50 s	Máxima	10	
Parker	2003	Sinusoidal	5000	3	200	10 s/ 50 s	Máxima	10	
Herrero	2003		120	4	400	4 s/ 27 s		25	Ninguno
Paillard	2004	Bif simet cuadrada	20	4	350		Máxima	15	Voluntario
Holcomb	2005					10 s/ 50 s	60 % CVM	15	
Brocherie	2005		85	3	250	4 s/ 20 s	60%/Máxima	12	
Gondin	2005	Bif simet cuadrada	75	4	400	6,25 / 20	Máxima		Ninguno
Paillard	2005	Bif simet cuadrada	20	4	350		Máxima	15	Concéntric

Nombre	Año	Tipo corriente	FC	N° S/W	A.I	T. C/ T.R	Intensidad	T.T	Ejercicio
Herrero	2006	Bif simet cuadrada	120	2	400	3 s / 20 s	Máxima	29	Pliometría
Holcomb	2006	Rusas	2500	3		14 s/ 45 s	Máxima	15	Isométrico
Holcomb	2006	Bif simet cuadrada	33		600	10 s /30 s			
Holcomb	2006	Bif simet cuadrada	33		600	12 s / 5 s			
Babult	2007	Bif simet cuadrada	100	3	300 - 400		60% CVM	12	
Laufer	2008	Bif simet cuadrada	50		400		Máxima	13	
Paillard	2008						60% CVM		
Petrofsky	2008	Bif simet cuadrada	30		250				
Toca Herrera	2008		100		300	10 s/ 10 s			Ninguno
Georgery	2008	Bif simet cuadrada	100		400	3 s/ 3 s	45% CVM	5	Ninguno
Georgery	2008	Bif simet cuadrada	60		250	10 s / 20 s	45% CVM	5	Ninguno
Maffiuletti	2009	Bif simet cuadrada	85	3	400	5 s/ 25 s	Máxima	16	
Maffiuletti	2009	Bif simet cuadrada	85	3	400	5,25 s / 5 s	Máxima	10	Isométrico

Nombre	Año	Tipo corriente	FC	N° S/W	A.I	T.C/T.R	Intensidad	T.T	Ejercicio
Herrero	2009		120		400				Concéntric
Herrero	2009		120		400				Pliometría
Herrero	2010	Bif simet cuadrada	120	4	400	1 s/ 1 s	70 % CVM		Concéntric
Billot	2010	Bif simet cuadrada	100	3	400	3 s / 17 s	Máxima	12	Ninguno
Colson	2010			5			Máxima	20	

Tabla 1. Revisión de artículos que combinan la EMS con algún ejercicio voluntario

4. TIPOS DE CONTRACCIÓN

Basándonos en la movilidad de los puntos de anclaje de la musculatura contraída, podemos clasificar los tipos de contracción en: Isométrica y Anisométrica y dividir esta última en otros tres subtipos atendiendo a la dirección de movilidad de los segmentos en los que se ancla el músculo: concéntrico, excéntrico y pliométrico que sería en realidad una combinación de las dos primeras, concéntrico y excéntrico.

4.1 ISOMÉTRICA

No existe movilidad entre los segmentos de anclaje muscular. La energía producida por la contracción se disipa en forma de calor y no hay movimiento alguno. Si aplicáramos una fuerza externa, esta estaría igualada a la fuerza ejercida por la musculatura contra ella.

Se dice que es un tipo de contracción que no es válido para ganar fuerza muscular y mejorar el rendimiento pero que permite mantener la fuerza muscular existente. A pesar de ello en 1950, Hettinger y Müller publicaron un estudio en el que obtenían un 2% de mejora de fuerza en al flexión del codo por semana de ejercicios isométricos. Estos estudios fueron descartados al no conseguir ellos mismos en trabajos posteriores el mismo porcentaje de mejora y por demostrar en 1960 Bonde-Peterson que este tipo de contracción no conseguía ganancias de fuerza significativas. Muchos estudios posteriores han trabajado en el porcentaje de fuerza que este tipo de contracción puede llegar a alcanzar y los resultados varían entre el 0,4 y 1,1%, siendo necesarias varias repeticiones con este tipo de contracción además de elevados tiempos de mantenimiento de las mismas.

Además autores como Zatsiorski y Racjin, demostraron en 1975 la importancia de la posición del cuerpo a la hora de obtener mejores porcentajes de fuerza mediante este tipo de contracción, siendo necesario trabajar con un acortamiento muscular casi completo que queda lejos de la naturalidad de prácticamente todos los gestos deportivos.

La actividad muscular solicitada durante la contracción isométrica estará a caballo entre la concéntrica, que precisa una mayora actividad muscular que en la contracción concéntrica, y la excéntrica, que precisa una menor actividad muscular.

Cometti (1998), lo describe como un método insuficiente para mejorar la fuerza muscular por si mismo, pero interesante si se combina con otro tipo de contracción puesto que permite, realizar un trabajo concéntrico o pliométrico sobre una musculatura previamente activada a través de una contracción concéntrica. Este tipo de trabajo no es el más adecuado en el entrenamiento de la fuerza puesto que el trabajo sobre una musculatura ya cansada no es él más efectivo, pero puede resultar útil en los comienzos de temporada o en deportistas jóvenes.

4.2 ANISOMÉTRICA

En este caso la contracción muscular genera un movimiento entre los puntos inserccionales del músculo en cuestión alejándose o acercándose los mismos según la contracción sea concéntrica o isométrica. Genera por tanto esta contracción una energía en forma de movimiento.

4.2.1 Concéntrica

En este tipo de contracción asimétrica se produce un acortamiento muscular acercándose los segmentos distales del músculo. En este tipo de contracción aparece la necesidad de utilizar el principio de sobrecarga puesto que sin el mismo, sin el incremento paulatino del peso aplicado, no se consigue una mejoría de la fuerza muscular.

En 1984 MacDonag establece un 66% de la fuerza muscular máxima como el porcentaje necesario para conseguir beneficios en la fuerza muscular mediante un entrenamiento concéntrico.

Bosco (1985) demuestra como este tipo de contracción es el que precisa una mayor activación muscular y al mismo tiempo el que menor tiempo de recuperación precisa.

4.2.2 Excéntrica

Es aquella contracción en la que los extremos del segmento muscular se alejan, es decir se produce un estiramiento muscular durante la contracción al ser la carga externa superior a la generada por el músculo.

El entrenamiento a través de este tipo de contracción es algo más moderno que el realizado mediante contracción concéntrica. Los primeros trabajos se remontan al año 1972 cuando Komi y Burskirk demuestran que un protocolo de 7 contracciones excéntricas cuatro días a la semana consigue mejores resultados de fuerza muscular que cuando se realizan en régimen concéntrico.

La fuerza generada por una contracción excéntrica es un 30% superior a la obtenida mediante un trabajo isométrico.

Además este tipo de contracción no conlleva un aumento de volumen muscular al centrarse el trabajo en las partes profundas del músculo, pero ocasiona una destrucción de miofibrillas que hace que la recuperación sea más larga respecto al resto de régimenes de contracción. Respecto a la actividad eléctrica necesaria para generar este tipo de contracción, les menor que en el trabajo isométrico o concéntrico.

4.2.3 Pliometría

La pliometría no es en si una nueva forma de contracción sino la combinación de un estiramiento muscular o fase excéntrica seguida de un trabajo concéntrico.

La actividad eléctrica para generar este tipo de contracción es altísima y alcanza su mayor grado al final de la fase excéntrica. Realmente la mayoría de los gestos deportivos se desarrollan en algún tipo de régimen pliométrico.

Esta contracción alcanza porcentajes entre el 150% y 200% de la fuerza máxima y requiere tiempos de recuperación altos, cercano a las 72h.

5. PRINCIPIOS Y FISIOLOGÍA DE LA CONTRACCIÓN

5.1 ¿CÓMO SE PRODUCE LA CONTRACCIÓN?

La contracción de una fibra muscular esquelética se inicia cuando ésa es excitada, ya sea por una señal nerviosa si se trata de una contracción voluntaria que se traslada desde la médula espinal a través de una motoneurona, o de un impulso eléctrico generado por un aparato de electroterapia. Además la EMS se asocia con actividad en al corteza sensitivo motora primera y con el área motora suplementaria (Dehail, 2008). Por otro lado Maffiuletti (2002) afirma que la EMS aumenta la conducción nerviosa a los centros supraespinales reclutando gran número de unidades motoras.

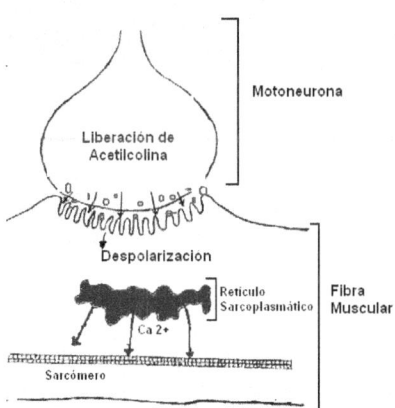

Figura 12. Esquema de la placa motora terminal. Adaptado de Travell y Simons (2004). Dolor y disfunción miofascial. Panamericana

Al llegar el potencial de acción al botón terminal de la motoneurona, provoca una despolarización de la membrana que abre los canales de calcio, lo que hace que la acetilcolina sea liberada a la hendidura sináptica. Al unirse la acetilcolina a sus receptores en la placa terminal, se aumenta la permeabilidad al sodio y al potasio, lo que despolariza la membrana de la célula muscular y se genera un potencial de placa que si es suficiente se extenderá por toda la membrana provocando un potencial de acción que hará que el músculo siga la ley del todo o nada, contrayéndose por completo o no logrando este potencial de membrana ningún efecto sobre la fibra muscular. (Córdova, 2004). Esta norma del todo o nada es conocida como la ley de Lapique y se refiere al hecho de que si el estímulo no es lo suficientemente intenso y duradero, no se producirá el umbral de excitación, no se consigue el umbral de despolarización y el potencial de acción no se produce. A partir de aquí surgen las curvas de intensidad tiempo, si el estímulo que llega a la membrana se encuentra por debajo o a la izquierda de la curva, no se producirá el potencial de acción ni por lo tanto la contracción. Por otro lado, cualquier combinación de intensidad y tiempo de estímulo que se sitúe a la derecha o por encima de la gráfica, provocara un potencial de acción que generará una contracción del músculo.

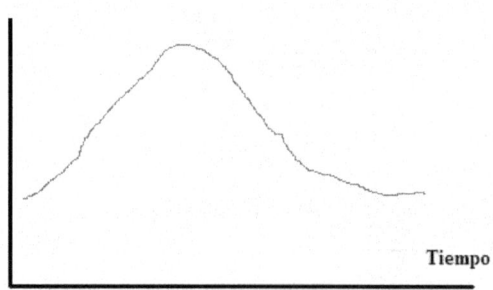

Figura 13. Gráfico curva Intensidad – tiempo.

De esta ley de Lapique se generan dos principios básicos de la electroestimulación:

La reobase: Aquella intensidad mínima capaz de excitar al músculo independientemente de la duración del estímulo.

La cronaxia: Duración necesaria del estímulo para provocar una contracción con una intensidad doble a la reobase. La cronaxia varía de uno a otro músculo y estará muy relacionada con el ancho de impulso ideal de la corriente.

Estos dos principios sirvieron durante muchos años para valorar y diagnosticar problemas neurales hasta que aparecieron los aparatos de electromiografía. Así si un músculo está parcialmente denervado, se trata de un nervio mucho menos excitable y la curva se encontrará desplazada a la derecha: a igual intensidad de impulso se requerirá más intensidad de corriente para que se produzca la contracción.

Tras la contracción, debe extraerse el calcio liberado y ser recuperado por el retículo sarcoplasmático para que la fibra pueda relajarse, esto sucede una vez cesa la activación de la fibra muscular y ocurre con un gasto energético de ATP.

5.2 ENERGÉTICA DE LA CONTRACCIÓN

Adenosin Tri Fosfato:

La energética de la contracción muscular está basada en la molécula de ATP que a pesar de tener una concentración muy baja en la célula muscular, se regenera rápidamente por: la transfosforlización del fosfato de creatina que se encuentra en contracciones treinta veces mayores a las de ATP en la célula muscular y la fosforilación oxidativa en caso de que la contracción prosiga.

La concentración de ATP es mayor en las fibras rápidas que en las lentas aunque las fibras lentas son capaces de resintetizar le ATP y la PCr de forma mucho más rápida que las fibras rápidas o tipo II (Chicharro, 2001). La kreatinkinasa es la enzima encargada de dirigir la resintetización del ATP al descomponer la PCr. Así esta enzima se activara cuando aumente la concentración sarcoplasmática de ADP y es inhibida por concentraciones altas de ATP. Por otro lado la entrada de Ca 2+ al retículo sarcoplasmático activa la ATP-asa de manera que se desplaza la reacción de hidrólisis del ATP.

Georgery (2009) demuestra como el coste metabólico puede medirse de forma indirecta ya que, la fuerza generada está en función del número de puentes cruzados entre los filamentos de actina y miosina que están relacionados directamente con la hidrólisis del ATP. A partir de todo esto demuestra como el incremento en el ancho de impulso de la corriente no afecta a la fatiga que dependerá por otro lado de la frecuencia de corriente seleccionada. Un aumento de la frecuencia genera un mayor gasto de ATP y PCr así como un aumento de la concentración de PH. Se produce así una disminución del Na + y un aumento de K+ en le fluido extracelular durante la EMS.

Fosfocreatina y Piruvato:

En la contracción mediante EMS se consume mayor cantidad de PCr (Calderón, 2007) algo con lo que está de acuerdo Theurel (2007) y que achaca al cambio en el orden de reclutamiento de fibras. Por otro lado la EMS interfiere en la concentración de glucógeno en el músculo de forma diferente a como lo hace la contracción voluntaria (Calderón, 2007).

Vanderthomen (1999) afirma que existe un mayor flujo de sangre en el trabajo realizado con EMS. Mide el ratio de Fosforo frente a PCr así como el PH intracelular a través de un espectroscopio durante el tiempo de reposo y el tiempo de trabajo de una contracción producida mediante EMS y un trabajo voluntario. Los resultados no muestran diferencia alguna en el tiempo de reposo pero durante la contracción, el ratio Fosforo/ PCr aumenta y el Ph intracelular desciende de forma más significativa en la contracción mediante EMS que en la voluntaria. En el año 2003 habla de una mayor desaturación de la mioglobina citoplasmática, un aumento de la concentración de PCr y una disminución del Ph. Estos cambios metabólicos pueden ser debidos al reclutamiento espacial y temporal que se produce mediante la EMSy que es contraria en la contracción voluntaria.

Oxigeno y ventilación

A nivel del consumo de oxigeno y de la ventilación Theurel (2007) demostró como la contracción mediante EMS aumentaba estos dos parámetros frente a la contracción voluntaria, así como el intercambio respiratorio celular y la fatiga muscular. Valli y cols. (2002) observaron un aumento del 20 % en el consumo de oxígeno durante una sesión de EMS de 20 min. de duración a una frecuencia entre 60 y 90 Hz. Lógicamente este consumo de oxígeno se ve aumentado también cuando la EMS es superimpuesta a un ejercicio voluntario realizado en cicloergómetro frente al mismo ejerció sin EMS, en este caso se utilizó una frecuencia de 35 Hz y 2,5 s. de contracción frente a 5 s. de reposo (Eijsbouts y cols., 1997).

Otros autores como MC Neil (2006) han estudiado las diferencias en el metabolismo producido por una contracción voluntaria y una inducida mediante EMS. Su conclusión es que q pesar de que la EMS supone mayores demandas energéticas, el daño transitorio es mayor con la contracción voluntaria ya que la hemoglobina y le consumo de oxígeno decrecen en ambos tipos de contracción, pero durante el descanso aumentan de forma más pronunciada tras el entrenamiento mediante EMS.

Además en Vanderthomen (1999) afirma que a iguales niveles de carga, la EMS provoca una mayor acidosis y una mayor oxigenación citoplasmática, lo que indica una preferencia en el reclutamiento de las fibras tipo II y una hiperperfusión del músculo.

La rápida caída del Ph intracelular que hace incrementar los niveles de ADP, hace que las fibras glicolíticas sean reclutadas con preferencia. Por otro lado la caída intracelular de la PO2 durante la EMS hace que se incremente el flujo de O2 en respuesta a la alta demanda energética que supone la EMS y puede ser modulada por la hiperperfusión.

Hormona de Crecimento, Cortisol y lactato

Sartorio (2008) realiza un estudio en el que se mide la variación de la concentración de GH, cortisol y lactato tras la aplicación durante 9 min. de una corriente simétrica rectangular a 75 Hz con un ancho de impulso de 400 Mseg. y un tiempo de contracción de 6,25 s. y un tiempo de reposo de 20 s. La GH producida por la EMS depende de la duración del estímulo, además tras 2 h de reposo se recuperan valores normales en la concentración de GH mientras que con el ejercicio voluntario son necesarias entre 4 y 6h de reposo. Las concentraciones de lactato y cortisol parecen aumentar también de forma más acentuada en la contracción inducida mediante EMS.

Zorn (2007) por su parte realiza un estudio sobre los efectos de la EMS sobre el dolor y los componentes sanguíneos en cinco ciclistas sometidos durante 30 min. a una corriente bifásica simétrica . Obtiene que el aumento en la concentración de CK es máxima a las 24 h y que el lactato aumenta muy ligeramente, parecido al aumento en un entrenamiento de resistencia excéntrica pero sin que aparezca dolor retardado.

5.3 REGULACIÓN DE LA CONTRACCIÓN PRODUCIDA

El músculo tiene dos formas de regular la cantidad de fuerza producida durante la contracción: por un lado la variación del número de motoneuronas activadas y por otro la variación de la frecuencia de los potenciales de acción de cada moetoneurona, lo que se denomina sumación temporal, así cuando mayor sea le número de motoneuronas activado, mayor será al fuerza de contracción. La tensión que se genera en un músculo aumenta según el número de motoneuronas activadas. La sumación temporal se produce cuando el calcio liberado por el retículo sarcoplasmático, no ha vuelto a ser reincorporado del todo y vuelve a producirse una liberación de calcio por un nuevo potencial de acción, así pues el calcio que no ha dado tiempo a recapturarse de la primera contracción se une al de la segunda contracción produciéndose un aumento en la fuerza de contracción.

5.4 FATIGA: MAYOR CONSUMO ENERGÉTICO Y CONTRACCIÓN ASINCRÓNICA

Chicharro (2001) habla de la fatiga muscular en referencia a la depleción de los sustratos de ATP y PCr. Que son las fuentes directas de la contracción muscular. A través de biopsias musculares observa como la depleción de la PCr sucede en dos fases, una al inicio del ejercicio donde la concentración del sustrasto cae rápidamente para posteriormente, en una segunda fase, disminuir de forma progresiva. Existe una estrecha relación entre la depleción de la PCr y la aparición de la fatiga. La disminución de la concentración de P Cr y el consiguiente aumento de los productos de la hidrólisis del ATP: ADP + Pi, determinan un incremento de la enzima fosfofructoquinasa y un descenso de la fructosa difosfatasa. Tras varios minutos de ejercicio el mantenimiento de esta vía supone una mayor oferta de ATP del que realmente se necesita. Todas estas rutas metabólicas se dan de forma mucho más acentuadas durante la EMS debido a que el ATP inicial se consume de horma mucho más acelerada, lo que desencadena todo este proceso con mayor brevedad. Es necesario recordar que durante una contracción voluntaria la restitución de los depósitos de fosfágenos se relaciona con el tiempo de descanso; aproximadamente a los 30 s. se restituye el 70% de los fosfátenos y a los 2 min. el 84%. Entre los 5 y 8 min. se habrá repuesto el 100%. Estos procesos de recuperación se dan de forma mucho más lenta en la EMS, lo que será importante para fijar los tiempos necesarios de recuperación.

Por otro lado, el mecanismo de la activación asincrónica permite a cada unidad motora individual relajarse periódicamente durante una contracción sostenida. Durante la contracción mediante EMS, la activación es sincrónica, activándose todas las unidades motoras a la vez y provocando así una fatiga mayor. En referencia a esto Adams (1993) evalúa mediante RNM contracciones producidas por EMS al 25%, 50% y 75% de la contracción isométrica máxima y observa como en la contracción producida mediante EMS, se activan siempre las mismas fibras lo que aumenta la demanda metabólica frente a la contracción voluntaria en la que se produce una contracción asincrónica.

El hecho de que el reclutamiento de las fibras musculares se produzca de forma inversa en la contracción voluntaria que en la producida mediante EMS, contribuye al aumento de la fatiga muscular que se produce en el trabajo inducido mediante EMS (Raquena, 2005; Gregory, 2005). Mediante la EMS se contraen primero las fibras rápidas por tres razones principales: en primer lugar debido al diámetro del axón y a su menor impedancia, en segundo lugar a causa de la retroalimentación de efectos cutáneos aferentes y por último la estimulación de receptores cutáneos que inhibe la contracción de fibras lentas y estimula las rápidas (Raquena, 2005). Vanderthommen (2001) realiza un estudio en el que aplica una corriente eléctrica y se comprueba mediante tomografía las fibras que se contraen así como el reclutamiento. Los resultados muestran como mediante la EMS se entrenan solo un tipo de fibras y mediante la contracción voluntaria se alternan, esto es mediante la contracción por EMS se produce una contracción sincrónica y mediante contracción voluntaria una asincrónica. A partir de este estudio Vanderthomen concluye que lo más efectivo sería combinar ambos tipos de contracción.

Paillard (2010) demuestra como la EMS supone mayor cansancio que la contracción voluntaria. Este cansancio afecta más a la fuerza que al tono postural quizás debido a que la EMS estimula primero las fibras rápidas y el tono postural depende de las lentas. Vanderthomen (2001) justifica el reclutamiento espacial sin embargo por la reducción de la densidad eléctrica que se produce a medida que aumenta la distancia de la superficie del electrodo.

Para Georgery (2009) la fatiga muscular es debida al aumento de la demanda metabólica o a la mayor cantidad de fibras reclutadas durante la EMS.

5.5 POTENCIACIÓN POSTETÁNICA

Se sabe que la fuerza generada por un músculo es directamente proporcional a la cantidad de puentes cruzados activos. Cualquier acción llevada a cabo en estado "potenciado" supone que el complejo actina-miosina sea más sensible al Ca 2+ en cualquier contracción que se produzca a continuación, lo que genera que la fosforilación de la cadena larga de miosina provoque una mayor proporción de número de puentes cruzados activos.

Efectos principales de la potenciación:

Economía del sistema N. Central: Se da en aquellas actividades físicas que requieren una fuerza intermedia. A la misma frecuencia de estímulo, la fibra potenciada genera mayor fuerza. Por otro lado, este aumento de fuerza tras la potenciación decrece su efecto a medida que se aumenta la frecuencia de estímulo.

Aumento de la explosividad: La fibra potenciada tarda menos tiempo en alcanzar su fuerza máxima, aproximadamente 30 ms. menos que la no potenciada. (Pombo, 2004)

Entre las diferencias entre una fibra potenciada y una que no lo esté encontramos que no habrá diferencias en la fuerza isométrica máxima, la fuerza concéntrica será mayor en al fibra potenciada, y la diferencia será aun mayor si se trata de fuerza excéntrica.

En referencia al principio de la potenciación, Ortiz (1999) defiende en su libro como para mejorar la fuerza explosiva lo ideal es utilizar el método combinado: primero se ejercita el atleta con cargas pesadas con diferentes tipos de contracción muscular ya sea isométrica, concéntrica o excéntrica para después y seguida a esta primera fase, realizar cargas ligeras y/o ejercicios pliométricos.

En cada fase se varía el carácter de la tensión muscular evitando la acomodación del sistema nervioso al tipo de entrenamiento y produciendo una mayor incitación de los factores neuronales, de lo que depende la fuerza explosiva.

En la primera fase de cargas pesadas se actuará sobre la coordinación intramuscular y la inhibición neuromuscular, no actuando el principio de correspondencia dinámica y no teniendo similitud con la tensión muscular que se ejercerá en la competición, y en la segunda de cargas ligeras o pliometría se hará sobre la coordinación intermuscular y los componentes elásticos. El hecho de realizar estas dos fases, produce un efecto más favorable en el estado funcional del deportista para le ejecución del segundo ejercicio.

Uno de los métodos derivados de este principio es le método olímpico explosivo que utiliza cargas pesadas seguidas de ejercicios pliométricos específicos de la acción deportiva requerida.

Binder-Macleod (1992), utilizó estos principios en la EMS, induciendo a la fatiga en primer lugar a sus atletas mediante EMS para pedirles después un ejercicio voluntario. La frecuencia ideal de corriente para este autor venía determinada por el porcentaje de fuerza tetánica que se requiera y el estado de fatiga.

Por otro lado García-Manso (1999) explica el concepto de la estimulación previa definiendo esta como la estimulación al Sistema Nerviosos Central y al Sistema Nervioso Periférico antes de realizar la acción explosivo-balística es decir, se somete al sujeto a cargas elevadas que no supongan excesiva fatiga, con pocas repeticiones y series para luego realizar con más eficacia una acción explosivo-balística al crearse una huella residual en el sistema nervioso, se trata de activar o despertar a éste.

Calderón (2007) escribió acerca del hecho de que al consumir la EMS mayor cantidad de PCr, si tras ella se realiza un ejercicio voluntario, puede haber mayores adaptaciones al cansancio.

Cometti (1998) habla de los método de entrenamiento pre-fatiga en los que se somete al músculo a un trabajo analítico para solicitar luego un trabajo más global, se correspondería con trabajar la EMS en un primer lugar seguida del ejercicio voluntario, es interesante para localizar más el trabajo y sobretodo para debutantes, y del trabajo post-fatiga en el que el primer ejercicio será global o contracciones voluntarias, seguidas de un ejercicio más analítico como la EMS. En este caso es un ejercicio muy eficaz para ganar masa muscular.

6. LA ELECTROESTIMULACIÓN NEUROMUSCULAR APLICADA AL ENTRENAMIENTO

6.1 COMBINACIÓN DEL EJERCICIO FÍSICO Y LA ELECTROESTIMULACIÓN NEUROMUSCULAR

Hoy en día se sabe que el entrenamiento de los grandes deportistas no acaba en las pistas. El deporte de competición ha superado el límite del entrenamiento convencional y exige métodos alternativos a éste para alcanzar nuevas metas. La electroestimulación es una de las técnicas empleada con estos atletas, gracias a la cual el deportista sobrepasa los límites del entrenamiento clásico.

En la actualidad este método es empleado en múltiples federaciones deportivas con dos modalidades diferenciadas: isométrico y anisométrico. En ésta última se diferencian anisométrica concéntrica, excéntrica o pliométrica (Bosco, 1982). La contracción isométrica será aquella en la que no exista movimiento muscular durante la contracción y por le contrario en las anisométricas diferenciándose la contracción concéntrica, aquella en la que la fuerza muscular vence a la resistencia externa, o la contracción anisométrica excéntrica, aquella en la que la fuerza muscular es vencida por la fuerza externa. Por último la pliometría de la que ya se ha hablado y que supone una combinación de ambas modalidades de contracción anisométrica y que basará sus principios en el ciclo de estiramiento – acortamiento.

6.1.1 Entrenamiento con Pliometría

El entrenamiento a base de pliometría produce aumentos de rendimiento demostrado tanto en capacidad de salo como de velocidad. Así Bosco y Cols. (1986) demostraron como la utilización de un chaleco lastrado mejoraba el SJ y el test de Bosco durante 15 seg., Hakkinen y cols. (1985) obtuvieron mejoras del 6,8% para la fuerza máxima y del 21% para el SJ tras un protocolo de pliometría de 24 semanas. Por otro lado Cimera (2004) demuestra como un protocolo de ejercicios pliométricos aumentan el salto vertical y el sprint y Markovic (2007), obtiene tras un entrenamiento con pliometría de 10 semanas a razón de 3 días por semana, que el DJ mejoró un 14,2%, la altura de SJ, CMJ un 6% y la prueba de longitud desde una posición estática un 2,8%. A su vez Khalifa (2010) defiende además que si al entrenamiento pliométrico se le suma un entrenamiento mediante pesas, el incremento en la prueba de penta saltos desde posición estática aumenta un 2%.

Figura 14. La fase de apoyo en la carrera de velocidad supone un ejercicio pliométrico de la musculatura del tríceps sural.

6.1.2 Entrenamiento con Electroestimulación Neuromuscular

La EMS consiste en la aplicación de una corriente eléctrica al músculo o nervio periférico con el fin de lograr una contracción involuntaria del músculo (Lake, 1992). Este método de entrenamiento presenta como principal ventaja el aumento de fuerza máxima de forma más acentuada que el entrenamiento voluntario y como principal inconveniente hay que recordar la inhibición del reflejo miotático y del órgano tendinoso de Golgi que ocasiona, incrementándose así el riesgo de lesiones si el uso no es el adecuado (Jubeau, 2006; Delitto, 1990; Ruther, 1995). Además siempre se debe tener presente que la coordinación agonista-antagonista, no se consigue con la aplicación exclusiva de EMS (Holcomb, 2005).

A pesar de ello la EMS presenta varias ventajas que han hecho que muchos deportistas de élite de deportes que requieren grandes compromisos aeróbicos, abandonen el trabajo de musculación en sala sustituyéndolo por la EMS. En primer lugar la EMS consigue reforzar los músculos sin tener efectos hipertróficos nefastos sobre la pared cardiaca (Pombo, 2004), así ciclistas o maratonianos están beneficiándose de esta modalidad de obtención de fuerza sin que su volumen de expulsión y en consecuencia su flujo cardiaco se vea disminuido. En segundo lugar cabe destacar la oportunidad que brinda la EMS de conservar el cartílago articular y disminuir el número de lesiones al minimizar los pesos que deben ser levantados y el número de multisaltos en deportes que requieren una importante fuerza explosiva. NE último lugar devenimos tener presente que al EMS permite a través de su frecuencia estimular las nuevos tipos de fibras descubiertos que permiten realizar una manifestación explosiva-elástico-reactiva de la fuerza y que además de encontrarse en los músculos masticadores de los primates y en nuestros músculos oculares, se encuentran entre las fibras musculares del cuádriceps de grandes velocistas.

El entrenamiento basado en la EMS has sido utilizado previamente con éxito por varios autores: Caggiano (1994) compara el aumento de fuerza isométrica máxima conseguida a través de un entrenamiento mediante ejercicios isométricos (36%) con el que se consigue con electroestimulación (42%) durante 4 semanas a 25-50 Hz de intensidad, un ancho de impulso de 100 Mseg y un tiempo de contracción- reposo de 15 – 50 s.

Años más tarde Babault (2007) consiguió mejoras del 6,6% en el salto de Drop Jump (DJ), del 2,82% en el CMJ y del 10% en el SJ tras aplicar un programa de EMS a jugadores de rugby profesional durante 12 semanas con una frecuencia de 100 Hz, una duración de impulso entre 300 y 400 Mseg, 12 min. de tratamiento total y una intensidad del 60% de la contracción isométrica voluntaria máxima. Previo a este estudio, Maffiuletti (2002) obtuvo mejoras del 14% en SJ con un entrenamiento de 4 semanas a razón de 3 sesiones semanales con una frecuencia de 120 Hz, un ancho de impulso de 400 Mseg y un tiempo de contracción – reposo de 3 -17 s. Por otro lado Pichón (1995) alcanza incrementos de pico de fuerza máxima isométrica, concéntrica y excéntrica, así como un 1,3% en la velocidad en 25 m, en nadadores a los que se les aplica EMS en el dorsal ancho durante 3 semanas, Herrero (2006) del 2,4% en pruebas de velocidad y Toca Herrera (2008) consigue un aumento del 5, 11% a través de la EMS en fuerza máxima isométrica.

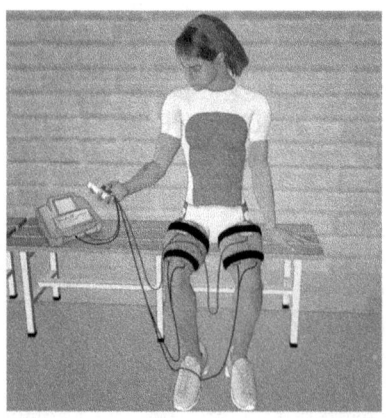

Figura. 15 Entrenamiento con EMS.

Más adelante Billot (2010) consigue un aumento del 6,7% en SJ, 2,27% en CMJ y 1,71% en ABK tras aplicar durante 5 semanas a razón de 3 veces por semana un entrenamiento mediante EMS de 12 min. a 100 Hz de frecuencia, 400 Mseg y una contracción de 3 s y tiempo de descanso de 17 y 5 años antes Brocherie (2005), tras la aplicación durante 3 semanas a razón de 3 sesiones semanales de una corriente de 4 s de contracción y 20 s de descanso, 80 Hz de frecuencia y un ancho de impulso de 250 Mseg, consigue aumentos en la fuerza máxima isométrica así como un 5,8% en la velocidad en 10 m.

6.1.3 ¿Por qué combinar la EMS con un ejercicio voluntario?

El uso combinado del ejercicio y la EMS ha sido poco utilizado con anterioridad (Basas, 2003; Herrero, 2006; Maffiuletti, 2002). Además este uso combinado se ha utilizado mayoritariamente para obtener beneficios de rendimiento en las pruebas de salto DJ, contramovimineto (CMJ) y Squat Jump (SJ) (Herrero, 2006; Maffiuletti, 2002) y poco en pruebas de velocidad (Herrero, 2006). Dehail (2008) habla de cómo la EMS se asocia con actividad en la corteza sensitivo-motora 1° y el área motora suplementaria y parece alcanzar mayores niveles de fuerza cuando se combina con ejercicio voluntario. Hainaut (1992) por su parte opina que la EMS ayuda a la contracción de las unidades motoras largas cuya estimulación resulta difícil a través del ejercicio voluntario

Un programa de EMS puede y debe realizarse, si su objetivo es el de entrenar la fuerza muscular, asociado a una contracción voluntaria. Este hecho ha sido justificado por varios autores, Valdora (2000) expuso claramente como la estimulación muscular inducida por EMS debe ser integrada a un programa de ejercicio voluntario que mantenga la propiocepción del deportista. Además Gregory (2005) defiende que ambos métodos deben aplicarse conjuntos o simultáneos debido a que el reclutamiento de fibras es inverso en cada uno de ellos. Por otro lado Ward (2002) afirma que se consiguen mejores resultados combinando la EMS y el ejercicio voluntario por dos motivos principales; el hecho de que se realiza el doble de ejercicio por un lado, y que supone un entrenamiento más completo puesto que el ejercicio voluntario recluta primero las fibras lentas y la EMS recluta primero las rápidas. Respecto a esto, Raquena (2005) explica que la contracción de las fibras rápidas en primer lugar durante una contracción mediante EMS es debida al mayor diámetro de axón y menor impedancia de estas, a la retroalimentación de efectos cutáneos aferentes, y a la estimulación de receptores cutáneos que inhiben la contracción de fibras lentas y estimulan las rápidas. Las fibras superficiales y las más cercanas al campo eléctrico se contraen mejor mientras que la intensidad del campo eléctrico aumenta a medida que se profundiza en el músculo. Por otro lado Wigerstand – Lossing et al. (1988), obtuvo resultados similares en sus estudios y Holcomb (2005) dijo además que la coordinación agonista-antagonista no se consigue sólo con la EMS y que es necesario un ejercicio voluntario.

A pesar de la falta de estudios que utilicen ambos métodos de forma simultánea, si existen varios autores que defienden que este tipo de aplicación podría ser beneficiosa:

Paillard et al. (2008) dedica todo su estudio a comparar la electroestimulación combinada con ejercicio voluntario frente a ambos métodos aislados y obtiene que la terapia combinada consigue mejores resultados que la contracción voluntaria, aunque en este artículo no superpone dichos métodos. En otro estudio, en el 2006, este mismo autor ya había afirmado que la superposición de la EMS al ejercicio voluntario aumenta el número de unidades motoras reclutadas y aumenta así la fuerza de contracción. Afirma además que esto sólo ocurre con el ejercicio excéntrico. Por otro lado Cometti (1998) afirma que no es aconsejado trabajar solamente con EMS, siendo necesario emplear otras formas de contracción. No aconseja la isometría ya que lo EMS se realiza bajo esta modalidad, y cree que al contracción excéntrica puede causar en el atleta un agotamiento muscular muy avanzado, por lo que recomienda la combinación de la EMS con un ejercicio concéntrico o pliométricos.

En una de las cartas escritas en la revista Sport Medicine entre Pillard y Maffiuletti (2008) se dice que la EMS necesita mayores demandas de metabolitos que la contracción voluntaria, por ello quizás necesitaría el músculo más tiempo de recuperación. Además afirma que es necesario combinar la EMS con ejercicios específicos de cada deporte para conseguir los cambios o adaptaciones necesarias así como el control motor. Por último debemos de tener en cuenta los estudios de Pombo (2004) que hablan acerca de la incapacidad a través de una contracción voluntaria de mantener la frecuencia inicial de estimulación de la fibra muscular (80 -100Hz) que sólo tiene cabida le primer segundo de trabajo. Sin embargo mediante la EMS, la fibra trabaja a frecuencia constante durante todo el tiempo que dure el ejercicio.

A partir de lo anterior, Herrero; Izquierdo; Maffiuletti, y García-López (2006) estudian las diferencias entre un entrenamiento a base de ejercicios pliométricos, otro basado en electroestimulación, y un tercero que combina ambos métodos aunque en diferentes momentos es decir, no superpone la EMS al ejercicio pliométrico.

Se ha comprobado que las adaptaciones fisiológicas producidas en la terapia combinada son mucho mayores que las que se producen en terapias aisladas, ya sea de EMS o de ejercicio voluntario (Vanderthommen, 2001). Por otra parte, Cometti (1998) descubre en uno de sus estudios en los que compara la ganancia de fuerza muscular entre un programa de contracción voluntaria versus un programa de contracción voluntaria más EMS que para alcanzar la misma fuerza, el uso de la EMS reduce el tiempo necesario en una proporción de 1:3.

Lanzani (2000) afirma que la EMS tiene razón de existir si se complementa con otras técnicas de entrenamiento para mejorar el gesto motor en su totalidad y solicitar todas las cualidades físicas, sean de tipo condicional o coordinativo. Cometti (2000) a su vez corrobora que el sujeto soporta la estimulación y para progresar está obligado a imponerse a tensiones tan difíciles de aguantar como las tensiones voluntarias.

Años antes Strojnik (1995), había afirmado que para llegar a la máxima activación muscular y por tanto al mayor nivel de fuerza es necesaria la superimposición de EMS a la contracción voluntaria.

6.1.4 Estudios que usan la isometría como contracción voluntaria combinada con Electroestimulación Neuromuscular

Partiendo de lo anterior, podremos asociar la corriente a una contracción isométrica: los objetivos del programa en este caso serán prevenir la atrofia por desuso, iniciar el programa de reeducación muscular y evitar complicaciones que puedan derivarse de la inmovilización. (Meaños, 2002) En este caso debe trabajarse con intensidades submáximas para evitar así la movilidad articular. Debe tenerse en cuenta que con esta variedad de contracción únicamente vamos a ser capaces de mantener una determinada fuerza, y en ningún caso de aumentarla.

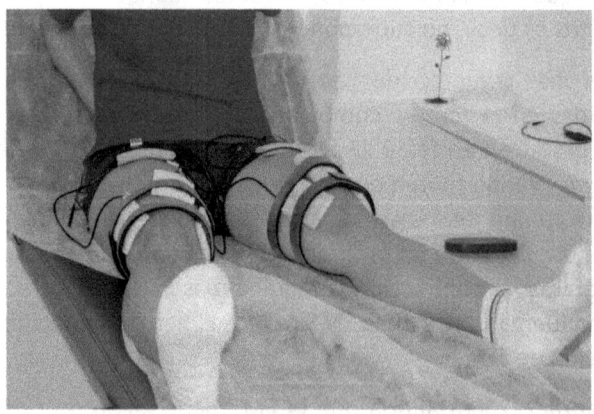

Figura 16. Aplicación de la EMS junto con un ejercicio isométrico de cuádriceps.

Autores como Ruiz Gallardo (2007) realizaron estudios utilizando la EMS combinada con contracciones isométricas. En el caso de este autor se aplicó un entrenamiento de contracciones isométricas a dos grupos de 10 sujetos diferenciándose entre ambos que uno de ellos superponía la EMS al inicio de las contracciones isométricas. Se obtuvo como resultado un 9,11% de incremento de la fuerza de contracción isométrica máxima en le grupo que sólo entreno contracciones voluntarias y de un 10, 34% en el que las combinó de forma simultánea con EMS.

Por otro lado Valli (2002) consigue mejoras en la fuerza máxima del 19% tras la aplicación de un entrenamiento combinado de EMS y contracciones isométricas tras 11 días de tratamiento en gente sedentaria, con una frecuencia de entre 60 y 90 Hz, 7 s de contracción y 15 de reposo y un tiempo total de 30 m de tratamiento y Maffiuletti (2009) realiza un programa de EMS (85 Hz, tiempo de contracción- reposo 5-25 s, 400 Mseg. y 16 min. de duración) asociado a contracciones isométricas superpuestas y consigue aumento del 6,4% en CMJ, 3,3% en la prueba de 10m y mejora de la fuerza máxima.

6.1.5 Estudios que usan la anisometría como contracción voluntaria combinada con Electroestimulación Neuromuscular

Por otro lado la corriente puede también asociarse a una contracción dinámica en cuyo caso el objetivo será continuar la potenciación muscular iniciada en el programa anterior e iniciar la paciente en actividades dinámicas complejas mejorando su coordinación (Meaños, 2002). En este caso va a haber una mejora de la fuerza muscular y además vamos a poder intervenir en la coordinación.

Willoughby (1998) combina un entrenamiento de EMS mediante contracciones dinámicas superpuestas consiguiendo un aumento del test de máxima repetición de cuádriceps y del salto CMJ.

Dentro de las contracciones anisométricas, la contracción que se combine con la EMS puede ser concéntrica, en cuyo caso al fuerza realizada por el paciente vencerá la fuerza externa. Mediante esta contracción completaron sus estudios Herrero (2010), que realiza un protocolo de EMS combinada con un ejercicio concéntrico y acompañada de ejercicio de musculación y pliometría consiguiendo mejoras superiores en los saltos de SJ y ABK así como en la prueba de 20 m frente al grupo que realiza únicamente el trabajo de musculación y las pesas. Y Maffiuletti (2010) que consigue mejoras en pruebas de saltos y fuerza máxima tras aplicar un entrenamiento de EMS (100 Hz, 400 Mseg, 4 semanas, 3 sesiones/semana, 3 s contracción, 17 s reposo, 12 min.) combinado con contracciones concéntricas.

La contracción anisométrica puede ser también del tipo excéntrico, donde la fuerza externa ganará a la fuerza realizada por el paciente, para este caso Paillard (2005) afirma en sus estudios que al añadir de forma superpuesta un ejercicio a la EMS, se aumenta el número de unidades motoras reclutadas aumentando así la fuerza de contracción. Esto sólo ocurre con el ejercicio excéntrico y más tarde Herrero (2010), complementa su protocolo de EMS (120 Hz, 400 Mseg, 1 s contracción, 1 s descanso) al superponer al mismo una contracción excéntrica voluntaria. Se consigue así un 6% más de incremento de fuerza que en el grupo que no realiza EMS.

Por último pueden combinarse ambas contracciones y realizarse un ejercicio pliométrico consistente en la acumulación de fuerza durante una fase excéntrica para realizar después una fuerte contracción concéntrica.

No obstante, el uso combinado de EMS y PT ha sido poco empleado con anterioridad (Herrero 2006, Maffiuletti 2002). Además, este uso combinado se ha utilizado preferentemente para obtener beneficios de rendimiento en pruebas de potencia del miembro inferior como DJ, contramovimiento (CMJ) y Squat jump (SJ) (Maffiuletti 2002), pero en menor medida en pruebas de velocidad (Herrero 2006). Este último compara en su estudio tres tipos de entrenamiento con un grupo control: el primero se basa en EMS aislada (120 Hz, 400 Mseg, 3 s contracción, 30 s reposo, 4 días semanales) el segundo en pliometría aislada (25 min. 2 días semanales) y el tercero combina ambos métodos aunque no de forma simultánea (2 días de pliometría y dos de EMS). Los resultados muestran como el grupo que combina ambos métodos consigue mejores resultados en el SJ y en la fuerza máxima.

Además Maffiuletti (2002) demuestra que un protocolo realizado mediante EMS a 120 Hz, con un ancho de impulso de 400 Mseg y un tiempo de contracción relajación de 3 -17 s. mejora la fuerza máxima, los saltos de SJ, CMJ y DJ ya que el trabajo de fuerza máxima que se consigue mediante la EMS debe llevar asociado un trabajo de transferencia hacia la fuerza explosiva que se realiza a través de la pliometría.

Otros autores como Brocherie (2005) habla en su estudio de la importancia de combinar la EMS con ejercicios pliométricos.

Benito (2008) realizó un estudio en el que se sometió a una muestra de atletas a EMS y contracciones voluntarias, consiguiendo un incremento de la fuerza muscular del cuadriceps que fue medido mediante la comparativa de un test inicial y final de Bosco con medición de dos tipos de saltos: SJ y CMJ. El SJ se corresponde con la manifestación explosiva de la fuerza que aparece en una activación muscular de los segmentos propulsivos lo más rápida y potente posible, partiendo desde una posición de total inmovilidad. El CMJ se trata de un ciclo de doble trabajo muscular, un estiramiento seguido de acortamiento, manifiesta la fuerza elástico-explosiva (García, 2003).

Así mismo se realizó un estudio paralelo con los mismos métodos de medición, en el que se trató de demostrar si la EMS es más efectiva realizándose simultáneamente un trabajo isométrico, un trabajo excéntrico o un trabajo pliométrico. Los resultados del estudio son claros, la EMS conseguía aumentos significativos de la fuerza explosiva frente al trabajo voluntario, pero lo hacía en diferentes porcentajes según el tipo de contracción muscular con la que fuera combinada: un 3,58% con una contracción isométrica, un 5,20% con una contracción excéntrica y un 6,40 % con un trabajo pliométrico.

6.1.6 El trabajo combinado simultáneo de Electroestimulación Neuromuscular y ejercicio voluntario

Pocos autores que hayamos encontrado en la bibliografía han superpuesto la EMS al ejercicio voluntario. Basas (2003) ha trabajado con saltadores de alto nivel realizando un protocolo en el que se efectuaba un ejercicio voluntario en el momento en el que el atleta notaba la descarga eléctrica. A medida que se avanzaba en el protocolo se pasaba de ejercicios isométricos a concéntricos para aplicar después ejercicios excéntricos. Por otra parte Ruiz Gallado (2007) súper impone a las descargas de EMS una contracción voluntaria isométrica mejorando así la fuerza de contracción voluntaria máxima. Años antes Poumarat (1992) había súper impuesto en sus estudios contracciones voluntarias isocinéticas a una corriente bifásica simétrica cuadrada de 30 a 80 Hz y 300 Mseg de ancho de impulso. A su vez Willoughby y Simpson (1998) presentan en sus estudios los efectos de las contracciones dinámicas superpuestas a la EMS sobre el salto vertical y la fuerza muscular obteniendo como resultado que ambos aumentan de forma significativa mediante este método. Tras todos estos estudios Paillard (2005) defiende que el añadir de forma superpuesta une ejercicio voluntario a la EMS, aumenta le número de unidades motoras reclutadas aumentando así al fuerza de contracción. Además defiende que este hecho únicamente sucede cuando el ejercicio combinado se trata de una contracción excéntrica.

Figura 17. EMS combinada simultáneamente con saltos pliométricos

Autor	Duración del programa	Altura caída DJ	Número de saltos/sesión	Test que mejoraron
Hakkinnen y Komi (1985)	24 semanas (72 sesiones)	No especifica	100 – 200 (apoyos)	SJ ($P<0,01$)
Brown y cols. (1986)	12 semanas (36 sesiones)	No especifica	30	CMJ ($P<0,05$)
Gemar (1988)	8 semanas (16 sesiones)	No especifica	No especifica	CMJ ($P<0,05$)
Wilson y cols. (1993)	10 semanas (30 sesiones)	20 – 80 cm	30 – 60	CMJ ($P<0,05$) (10,33%)
Flarity y cols. (1997)	9 semanas (27 sesiones)	No especifica	No especifica	Seargent ($P<0,05$)
Diallo y cols. (2001)	10 semanas (30 sesiones)	30 – 40 cm	200 – 300 (apoyos)	CMJ ($P<0,01$) (11,6%) RJ15"($P<0,01$)
Matavulj y cols. (2001)	6 semanas (18 sesiones)	50 cm 100 cm	30	SJ ($P<0,05$)(12,8%) SJ ($P<0,05$)(13,3%)
Spurrs y cols. (2003)	6 semanas (15 sesiones)	No especifica	127 (media) (apoyos)	CMJ ($P<0,05$)

Tabla 2: Características de los programas de entrenamiento utilizados en algunos estudios, donde SJ = Squat Jump, CMJ = Counter Movement Jump, RJ15" = Repeat Jump (15 segundos).

7. PLANIFICACIÓN DEL EJERCICIO FÍSICO Y DEPORTIVO

La planificación deportiva ha sido utilizada desde tiempos remotos, de hecho ya los griegos tenían un modelo basado en cuatro días, el Tetra, y los juegos se realizaban cada 4 años.

La EMS es una herramienta de trabajo dentro del campo de la fisioterapia que lejos de su uso principal como medida de rehabilitación de lesiones, comenzó a utilizarse como método de entrenamiento en los años 70 después de que el ruso Kots, consiguiera grandes logros deportivos a través de sus deportistas. A pesar de estas impresionantes mejoras conseguidas en la fuerza muscular de varios deportistas, aun es un tema controvertido y de discusión entre entrenadores, preparadores físicos, médicos o fisioterapeutas.

Bien es cierto que como varios autores han demostrado (Brocherie 2005, Herrero, 2006, Venable 1991, Benito 2010), debe hablarse de la EMS como un complemento al entrenamiento y nunca como un método de entrenamiento en si mismo puesto que muchos de los estudios realizados con EMS, estaban condenados al fracaso por el simple hecho de haber hipotetizado una mejora en cuanto a fuerza o velocidad se refiere valiéndose exclusivamente de este método. Si debe utilizarse combinado de forma simultánea o no es un tema que abordaremos más adelante pero, a lo largo de su corta utilización en el ámbito deportivo, se ha demostrado que debe ser utilizado siempre como complemento a otro tipo de contracción voluntaria (Holcomb, 2005, Caggiano, 1994; Maffiuletti, 2002; Herrero, 2006; Benito, 2010, Gregory, 2005; Ward, 2002, Raquena, 2005). Aun así, debe tenerse presente, que ha de aplicarse con unos principios generales y específicos de entrenamiento y planificación. Quiere decir esto que deberán programarse las sesiones según la época de entrenamiento o competición en la que nos hallemos, realizando microciclos y macrociclos, respetando y planificando los tiempos de reposo e intensidades, así como los periodos de compensación o supercompensación. Así pues podremos hablar de este método como eficaz, cuando se utilice con una programación acertada y unos parámetros específicos, no esperando que cualquier ancho de impulso, frecuencia o tiempo de reposo genere mejoras espectaculares de fuerza muscular.

Debemos recordar y aplicar a nuestro complemento al entrenamiento la definición de este que no es otra que la realización planificada y sistemática de las medidas necesarias (contenidos y métodos de entrenamiento) para la obtención, con efectos estables y duraderos, de objetivos (objetivos de entrenamiento) en y a través del deporte. (Meaños, 2002)

Para que se produzca el fenómeno del entrenamiento debe haber una adaptación por parte del organismos al esfuerzo físico que definiremos como bioadaptación, es el mecanismo sobre le cual se asienta todo entrenamiento deportivo. Básicamente es la respuesta fisiológica del organismo cuando se le aplica un estrés determinado, resultando como consecuencia una restitución ampliada del material gastado en la exigencia antes mencionada. (Meaños, 2002)

El entrenamiento supone conseguir una pérdida del equilibrio en el que el cuerpo se mantiene para lograr así una adaptación de este al esfuerzo al que lo estamos sometiendo, y conseguir un nuevo equilibrio. Esta pérdida de equilibrio se produce a través de procesos catabólicos o degenerativos que se mantendrán mientras dure la influencia de la carga. El organismo responderá mediante procesos regenerativos y anabólicos para conseguir una recuperación. Es aquí cuando aparece el término de supercompensación, puesto que el organismo, lejos de alcanzar el punto de partida, intentará siempre sobrepasarlo. En el caso de la EMS son necesarias 5 o 6 semanas para alcanza la supercompensación de un entrenamiento de 3 semanas, lo que deberá tenerse muy presente a la hora de planificar la temporada (Cometti, 1998).

La carga de entrenamiento es entendida como la medida cuantitativa y cualitativa de trabajo desarrollada por unidad de tiempo, que será capaz de modificar el estado del organismo. Si se considera la competición como el fin único del entrenamiento, puede estructurarse la carga.

Los métodos estarán compuestos de un conjunto de ejercicios más o menos específicos que serán realizados con una correcta dosificación y de manera sistemática. Los ejercicios podrán ser clasificados como:

Generales: Aquellos que no contienen fases o técnica alguna de la disciplina deportiva que quiera ser entrenada. Su objetivo será preparar al cuerpo para el entrenamiento que va a ser desarrollado a continuación, o para desarrollar las capacidades físicas generales.

Especiales: Contendrán en su desarrollo fases de al actividad deportiva a desarrollar y su objetivo será la preparación del organismo a las acciones específicas de la parte principal del entrenamiento, así como la enseñanza y corrección de alguna de las fases de la técnica del deporte a desarrollar.

Competitivos: Los que se realizan dentro de la competición para obtener los resultados esperados.

Los componentes de la carga van a estar diferenciados entre cuantitativos: duración, volumen y frecuencia y cualitativos: intensidad y densidad. (Weineck, 2005).

Volumen: Puede reflejarse como tiempo de entrenamiento, kilómetros recorridos, número de saltos o volumen de peso levantado. En el caso de la EMS vendrá determinado por el tiempo total de aplicación de la corriente.

Intensidad: Se refiere a la calidad del trabajo realizado en un periodo de tiempo. A mayor trabajo realizado por unidad de tiempo, mayor será la intensidad. Cada actividad deportiva desarrolla una intensidad diferente aunque mediante la EMS, la intensidad de corriente debe ser siempre la máxima tolerada por el deportista, y la intensidad total del entrenamiento vendrá determinada por el ejercicio que acompañe a la EMS.

Duración: Es importante establecer la duración del ejercicio ya que de la misma dependerán los sustratos metabólicos empleados en el mismo, así como los tiempo de reposo que pueden conducir a una recuperación, total o incompleta. En el caso de la EMS dependerán del tiempo de paso de corriente y los tiempos de pausa de la misma.

Densidad: La densidad mide la relación entre la intensidad del ejercicio realizado y la duración del mismo.

Frecuencia: Los días a la semana que se efectúa la carga, será diferente para principiantes que para profesionales.

7.1 SUPERCOMPENSACIÓN Y ELECTROESTIMULACIÓN NEUROMUSCULAR

Respecto a esta ley de supercompensación que nos llevará a la adaptación del organismo al esfuerzo físico, hay un tema muy importante a puntualizar cuando se habla de EMS, y es el hecho que al entrenar mediante este método, los procesos catabólicos son más acentuados que los que se producen mediante una contracción voluntaria. El ejercicio mediante EMS supone un mayor número de unidades motoras reclutadas (Paillard, 2005) lo que supone una mayor generación de productos metabólicos de desecho muscular: las concentraciones de ATP y PCr aumenta de forma más acentuada en un músculo trabajado con EMS que en uno trabajado mediante contracción voluntaria (Calderon, 2007, Vanderthommen 2002, 2003), además la EMS interfiere en la concentración de glucógeno en músculo de forma diferente que la contracción voluntaria (Calderon, 2007). Todo este desgaste metabólico mayor puede deberse a que mediante la EMS se contraen siempre las mismas fibras, contracción sincrónica, lo que no sucede mediante la contracción voluntaria en la que la activación es asincrónica, esto supone una mayor demanda metabólica cuando al contracción es realizada mediante EMS. (Admans, 1993; Vanderthommen, 1997; Gregory and Bickel, 2005). Por otro lado Feiereisen (1997) atribuye este aumento de la demanda metabólica al hecho de estimular al músculo con una frecuencia continua. Vanderthommen (2003) añade además que la EMS a iguales niveles de carga, provoca una mayor acidosis y una mayor oxigenación citoplasmática, esto indica una preferencia de reclutamiento de las fibras tipo II y una hiperperfusión del músculo durante la EMS.

Otros autores como Hamada (2004), Kim (1995) hablan de una mayor concentración de lactato en sangre y de una mayor presión e intercambio respiratorio.

Zorn (2007) recalca además que el mayor pico de concentración de fosocreatina en sangre producido por la EMS se da a las 24 horas, y que el lactato aumenta de forma muy ligera, similar a una entrenamiento de resistencia excéntrica sin dolor retardado, claro está que estos resultados son exclusivos de la frecuencia y diferentes parámetros de corriente que utilizó este autor. De hecho Georgery (2009) demuestra que la fuerza generada y por lo tanto la demanda metabólica, depende del número de puentes cruzados entre los filamentos de actina y miosina, que están relacionados directamente con la hidrólisis del ATP. Un ancho de impulso mayor consigue activar más unidades motoras aumentando así la fuerza generada y el gasto metabólico producido. Una mayor frecuencia de corriente genera mayor gasto de ATP y PCr y aumenta la concentración de PH. Además la EMS provoca una disminución del Na+ y un aumento de K+ en le fluido extracelular (Georgery, 2009). Este autor por lo tanto concluye que: la fatiga muscular es causada por un aumento de la frecuencia de corriente y no por un aumento de la intensidad ni del ancho de impulso que general un incremento del área de estimulación muscular pero no la fatiga.

Sartorio (2008) se atrevió a medir concentraciones de lactato, cortisol y GH producidos por una corriente simétrica rectangular de 75 Hz, 400 Mseg. 9 min. de duración y un tiempo de contracción – relajación de 6,25 – 20 s. La GH producida durante un ejercicio realizado mediante EMS depende de la duración del estímulo, peor se recupera tras 2 h de reposo. Cuando se realiza una contracción voluntaria son necesarias de 4 a 6 h para recuperar los valores normales de GH.

Además existen autores que han demostrado como a nivel cardiopulmonar un ejercicio mediante EMS aumenta el intercambio gaseoso y la frecuencia cardiaca (Banerjee, 2005).

Debido a que la EMS provoca un mayor desgaste metabólico y proceso catabólico que la contracción voluntaria, los tiempos de reposo y recuperación deberán ser mayores también. Se habla de la necesidad de descansar entre 48 y 72 horas cada grupo muscular trabajado, aunque esto se requiere para una recuperación total, que según el objetivo perseguido con el entrenamiento, no siempre es necesario. A raíz de esto Babault (2007) y Billot (2010) recordaron la importancia de reducir la carga de EMS para obtener así mejores resultados produciéndose la supercompensación.

Por otra parte la EMS consigue también mediante muchas de sus varias combinaciones de parámetros, una recuperación y regeneración más rápida. Así por ejemplo la hemoglobina decrece tanto en la EMS como en el ejercicio voluntario, pero durante le descanso aumenta de forma más pronunciada en la EMS. Ocurre exactamente lo mismo con el consumo máximo de oxígeno. Todo esto supone que a pesar de que la EMS supone mayores demandas metabólicas, el daño transitorio es mayor cuando el ejercicio se realiza de forma voluntaria. (MC Neil, 2006).

Además de todo esto se sabe que en el ejercicio realizado después de la estimulación mediante EMS, el consumo de O2 disminuye un 5 % (Mel, 2000).

Ya en su día Cheng (1982) dio datos de cómo una corriente de entre50 y 1000 microamperios, podía aumentar entre un 300 % y un 500 % la concentración de ATP y mejorar además le transporte de aminoácidos por la membrana celular aumentando la síntesis proteica en un 40 %.

Varios autores han hablado de todo lo que esta fisiología de la EMS puede acarrear: el tiempo ganado antes de aparecer el cansancio aumenta entre un 15 % y un 20% (Mel, 2000), se aumenta la recuperación general (Dombrovskaya, 1982), mejora el tiempo de reacción (Flurey y Lagasse, 1979) y las fibras tipo II se vuelven más resistente al cansancio. (Pette y Vrbova, 1985).

7 2 PRINCIPIOS DEL ENTRENAMIENTO DEPORTIVO:

A. Principios para iniciar la adaptación biológica:

Como debe ser el estímulo para que produzca adaptación (Meaños, 2002).

1 *Principio de carga y recuperación:* Es necesario que el estímulo tenga una determinada intensidad para que se produzca la ruptura de la homeostasis y se de la adaptación. Estaríamos hablando de la intensidad necesaria según diferenciemos entre fuerza, fuerza explosiva o velocidad así como de la duración del estímulo. Es un principio que debe extrapolarse al entrenamiento mediante EMS, según la manifestación de la fuerza que quiera ser mejorada, o según si queremos centrarnos en resistencia aeróbica o velocidad máxima, el tiempo de paso de la corriente deberá ser el adecuado, largo con descansos cortos que no permitan la recuperación completa y una intensidad submáxima para mejorar la resistencia aeróbica, y cortos con largo periodos de descanso que permitan una recuperación completa a intensidades máximas toleradas para mejorar la fuerza explosiva. Así pues será imprescindible para cumplir este principio tener claro el objetivo de nuestro entrenamiento mediante EMS para adaptar los tiempos de estimulo

y reposo y la intensidad de corriente. Respecto a este principio Millar y Thépaut-Mathieu (1993), habló en sus estudios de cómo el principio de sobrecarga rige ele entrenamiento de fuerza, tanto el realizado de forma voluntaria como mediante EMS. Además Mel (2000), afirma que la imposición física de la EMS a una contracción voluntaria genera una supercompensación.

2 *Principio de continuidad:* Es importante encadenar correctamente los periodos de entrenamiento y recuperación. Aquí debemos tener en cuenta que la EMS al producir mayores demandas metabólicas, requiere tiempos de recuperación más largos, unas 72h pudiendo aun así alternarse los músculos que se trabajan y realizar entrenamiento con EMS todos los días si se requiere. Por otro lado, al forzar una lesión la parada del entrenamiento, se pierde la adaptación de este primer periodo, quizás esto es más evitable con la EMS ya que al no requerir un contacto contra el suelo como la actividad de carrera o salto, o el no ser indispensable el movimiento articular para su utilización, podemos continuar con adaptaciones el entrenamiento a pesar de la lesión en muchas más ocasiones que con el ejercicio voluntario.

3 *Principio del incremento progresivo del esfuerzo*: El umbral del deportista va cambiando por lo que debemos incrementar la cantidad de entrenamientos a lo largo del tiempo, o de lo contrario los estímulos pasan de ser fuertes a medianos y de medianos a flojos, y no adaptan (Meaños, 2002). Es por esto que la intensidad de la corriente debe variar a lo largo de las sesiones. Puede aumentarse el % de fuerza máxima isométrica que provoca la corriente, o puede utilizarse la máxima intensidad tolerada por el deportista de forma que, al tolerar este cada día una intensidad mayor, estamos respetando el principio del incremento progresivo del esfuerzo. Aun así, hay que recordar que el esfuerzo puede aumentarse o bien aumentando la intensidad del ejercicio, o aumentando el tiempo del mismo.

4 *Principio de variedad:* Es importante cambiar la carga para que no se produzca la acomodación y cese la adaptación. Puede realizarse con una carga irregular o con la variedad del esfuerzo. Mediante la EMS la forma más sencilla de llevar a cabo este principio es modificando el ejercicio voluntario que se combina con la corriente.

B. Principios para garantizar la adaptación biológica:

Se centran en el orden adecuado de los estímulos para que la secuencia en el tiempo se la óptima (Meaños, 2002)

1 *Principio de Modelización*: Es complicado realizarlo mediante EMS exclusivamente. La modelización consiste en conseguir ene le entrenamiento unas situaciones y características similares a las que se van a dar en la competición (Meaños, 2002). Si tuviéramos en cuenta los modelos energéticos que se utilizan compitiendo, serán muy diferentes de los que toman parte en el ejercicio mediante EMS ya que como hemos visto anteriormente las demandas metabólicas son mayores y el reclutamiento temporal es diferente al que se da en el ejercicio voluntario. Aun así, debemos acercarnos para ser fieles a este principio lo más posible a la situación que se va a dar en la competición, para ello mediante la EMS podemos ajustar los tiempo de contracción y reposo y utilizar una contracción voluntaria lo más parecida posible a la que tengamos que reproducir en la competición.

2 *Principio de Periodización*: El entrenamiento debe desarrollarse a largo plazo (Meaños, 2002) al igual que debe periodizarse la EMS a lo largo de toda la temporada con una fase de adaptaciones biológicas y una etapa de transferencia. Igualmente debe tenerse en cuenta las sesiones de descanso de EMS necesarias entre sesiones de trabajo, el momento de la temporada en el que debe aplicarse, y planificarse según el objetivo que se persiga, el tiempo necesario para lograr la supercompensación.

C. Principios para orientar la adaptación biológica:

Se centran en especializar al deportista, en conseguir las mejores marcas posibles (Meaños, 2002).

Aquí es donde métodos complementarios al entrenamiento como la EMS toman importancia.

1 *Principio de Especificidad*: Al realizar un trabajo más especial se deja un poco de lado la preparación general, no debemos olvidarnos de trabajar ciertas zonas para mantener un nivel biopositivo y que no se produzcan lesiones. Para estos fines puede utilizarse le complemento de la EMS, tanto para potenciar la musculatura específica de cada deporte, como para complementar el trabajo general que ayuda a evitar y prevenir, muchas lesiones relacionadas con un leve trabajo de ciertas zonas musculares.

2 *Principio de individualización*: Como cualquier tipo de entrenamiento, la EMS debe de estar individualizada para cualquier deportista. Quizás este principio se ponga más de manifiesto en el parámetro de intensidad puesto que muchos autores ya definieron diferencias en la percepción de la corriente entre hombres y mujeres (Maffiuletti, 2008) o personas obesas y no obesas (Maffiuletti, 2007; Rolland, 2004; Bruton, 2002).

3 *Principio de Alternancia Reguladora*: Debe tenerse en cuenta que el entrenamiento debe tener una alternancia entre dos tipo de factores: elevar y mantener la capacidad de rendimiento. (Meaños, 2002) Para ello debemos tener presente que debe trabajarse la alternancia de varias capacidades como puede ser la resistencia aeróbica y anaeróbica, la fuerza máxima, velocidad de reacción, velocidad máxima cíclica. Todo esto supondrá un cambio en la frecuencia de la corriente según el objetivo planificado para esa sesión, y una variación también del tiempo de contracción y de reposo.

4 *Principio de la Preferencia*: Simplemente hay que tener en cuenta que en un momento determinado de la temporada del deportista, habrá que dar preferencia a ciertas capacidades físicas

sobre otras. Una vez planificado eso sobre el entrenamiento convencional, deberemos variar para esas sesiones los parámetros de la EMS de forma que no permitan también a través de este complemento al entrenamiento, dar mayor importancia a esa capacidad. Sobre este principio Young (2002) comprobó que entrenando de forma específica una forma de velocidad durante 6 semanas, podría perjudicarse otra expresión de la velocidad. Además Little (2005) concluyó que los test específicos y los entrenamientos deberían adecuarse al componente de la velocidad que quisiera ser mejorado.

5 *Principio de la Regeneración Periódica:* Este principio habla de introducir 6 meses de entrenamiento general de regeneración cada 3-5 años de competición de élite. Si se planificara así la vida del deportista, en estos 6 meses lo lógico sería acompañar la EMS únicamente con un fin regenerador y nunca de entrenamiento, para lo que la frecuencia debería indicarse entre 3 y 15 Hz.

Así pues una vez conocidos los principios que rigen el entrenamiento deportivo, debemos de poder hacer una planificación anual de dicho entrenamiento, la cual podrá variar a lo largo del año y adatarse según los test que vayamos realizando. La EMS debe organizarse también dentro de esta planificación. Dependiendo del objetivo que persigamos, los programas de EMS deberán adaptarse dentro de la planificación de una capacidad u otra es decir, adaptaremos el trabajo de electroterapia de acuerdo a las sesiones de resistencia si lo que queremos mejorar es la capacidad aeróbica, o a las sesiones de fuerza si lo que perseguimos es la ganancia de alguna de las manifestaciones de la fuerza. Debido a que la EMS es un complemento al entrenamiento, este nunca debe planificarse según las sesiones de electroterapia, y será esta la que se adapte a las sesiones pautadas por el entrenador.

Figura 18. Última fase de salto de longitud.

7.3. La periodización de la fuerza

Hay que tener en cuenta que la fuerza en si no se utiliza en ningún deporte y requiere siempre de una conversión a potencia o resistencia – muscular, según el deporte practicado. Para ello deben cumplirse varias fases a lo largo de un ciclo de entrenamiento: En un primer periodo preparatorio deberemos abordar tres fases diferentes: la adaptación anatómica, la fase de máxima fuerza, y la fase de conversión a potencia o resistencia-muscular. En un segundo periodo de competición tendremos una fase de mantenimiento de la potencia o de la resistencia muscular, y una segunda fase de cese de entrenamiento o recuperación.

7.3.1 Fase de adaptación anatómica:

El principal objetivo de esta fase es adaptar la musculatura, tendones y articulaciones para poder soportar los futuros entrenamientos más duros. Se trata de involucrar el mayor número de músculos posibles, no sólo los grandes músculos fásicos necesarios para realizar el movimiento específico de cada deporte, sino también los tónicos y aquellos que darán estabilidad o previenen lesiones.

Esta fase suele tener una duración de entre 8 y 10 semanas o 3 y 5 semanas según se trate de un deportista joven e inexperto en trabajo de fuerza, o un deportista veterano con muchos años de adaptación a este trabajo. (Meaños, 2002)

En cuanto a la EMS en esta fase se abordará desde dos programas diferentes:

A *Programa de adaptación:* cuyos objetivos estarán basados en el aumento del metabolismo muscular y la mejora de la micro circulación y del intercambio celular.

En cuanto a los parámetros de corriente utilizados buscaremos una frecuencia de entre 10 y 40 Hz que nos permita mejorar esa micro circulación y ese intercambio celular, el ancho de impulso variará según la cronaxia del músculo que quiera ser trabajado. Se realizarán en torno a 20 – 50 repeticiones de 4 a 8 s. de contracción y 5 a 15 s. de reposo (Pombo, 2004). Se combinará con ejercicio voluntario isométrico o concéntrico y con un trabajo aeróbico de base.

B *Programa de resistencia aeróbica*: Debemos recordar que la EMS es capaz de convertir cierto porcentaje de fibras rápidas a lentas mejorando así los objetivos que se quieren alcanzar con este programa: una mejora de la resistencia aeróbica muscular, un aumento del consumo de O_2 y un aumento en el intercambio gaseoso y de las enzimas oxidativas. Para ello tenemos que recordar que la resistencia aeróbica está basada en el umbral anaeróbico y en el Vo_2 máx. que depende del transporte de O_2 al músculo y de la capacidad de las fibras para consumir ese O_2.

En este programa utilizaremos frecuencias algo más bajas de entre 10 y 20 Hz, elevaremos los tiempos de contracción a los 7 a

10 s. y bajaremos los de recuperación a los 2 a 4 s. La duración de estos programas es amplia ya que queremos mejorar la resistencia, entre 200 y 300 repeticiones. (Pombo, 2004)

La EMS consigue un aumento del consumo de O2 únicamente en los músculos trabajados, pero se sabe que en el entrenamiento voluntario ocurre también esta especificidad, de hecho no es lo mismo realizar a un ciclista una prueba de esfuerzo en un ciclo ergómetro que en un tapiz rodante, por múltiples razones, pero esta es una de ellas.

7.3.2 Fase de Máxima Fuerza:

Se intentará desarrollar los niveles de fuerza más alto posibles y del tono muscular (Meaños, 2002). Tanto la potencia, necesaria en deportes de salto o velocidad, como la resistencia muscular, imprescindible para deportes como los 1500 m de natación, requieren de una fuerza máxima elevada que sea luego transformada en potencia o resistencia muscular.

Esta fase tendrá una duración de entre 1 y 3 meses pero siempre será un múltiplo de 3, 3, 6, 9, 12....semanas (Meaños, 2002)

Respecto a la EMS en esta fase vamos a periodizarla en base a dos posibles programas:

A *Programa de Hipertrofia*: Este programa no es estrictamente necesario, es decir puede prescindirse de ella si los objetivos del entrenamiento así lo requieren. Estará basada en el aumento de volumen y en la mejora de la resistencia muscular y se trabajara con una frecuencia de entre 50 y 70 Hz, un tiempo de contracción de entre 6 y 8 s. y un tiempo de reposo de entre 4 y 9 s. El número de contracciones será muy inferior al realizado en al fase previa, entre 60 y 130 contracciones.

B *Programa de fuerza máxima*. En el que se tratará de mejorar la fuerza dinámica máxima y la fuerza isométrica máxima a través de una corriente de 70 a 100 Hz con un tiempo de contracción de entre 3 y 4 s. y un tiempo de reposo que permita una recuperación completa, 20 a 40 s. El número de contracciones oscilará entre 20 y 40. (Pombo, 2004).

7.3.3 Fase de conversión:

El objetivo principal será convertir la fuerza máxima conseguida en la etapa anterior en combinaciones de fuerza específica y efectiva para cada deporte ya sean de potencia, de resistencia muscular o de la combinación de ambas. La duración de esta fase variará entre las 4 y 5 semanas para la conversión a potencia, y entre 6 y 8 para la conversión a resistencia muscular ya que la adaptación anatómica y fisiológica a esta última capacidad requiere un tiempo mayor (Meaños, 2002).

En cuanto a la EMS Billot (2010) expresó como es necesario realizar ejercicios pliométricos para transferir la fuerza ganada mediante EMS a potencia y que esta transferencia es más fácil de conseguir en gente entrenada específicamente para la velocidad.

Por otro lado Pombo (2004) presenta dos programas para la conversión a potencia cuyos objetivos serán mejorar la velocidad a la que se consigue la máxima fuerza, la velocidad de contracción muscular y la elasticidad.

A *Programa de fuerza explosiva*: en el que emplearemos una corriente de frecuencia entre 100 y 120 Hz, con un tiempo de contracción de 3 s. y un reposo que permita una recuperación prácticamente total entren 20 y 40 s. Las contracciones estarán a razón de 20 a 30.

B *Programa de pliométricos*: Aquí la frecuencia se incrementa a 110 -150 Hz y el tiempo de contracción se reduce a 3 s. El tiempo de reposo y el número total de contracciones serán el mismo que en el programa anterior.

En cuanto a la conversión a resistencia muscular, Pombo (2004) presenta como objetivos el llevar al máximo posible el sistema anaeróbico láctico, y la mejora de la fuerza-resistencia muscular.

Para ello utiliza un programa de resistencia muscular basado en 40 a 70 contracciones de 6 a 8 s. de contracción y 4 a 8 s. de reposo. La frecuencia del programa oscilará entre 50 y 70 Hz.

Por último recordar que hay una fase de mantenimiento durante el periodo de competición necesaria para no sufrir el efecto del desentrenamiento. (Meaños, 2002).

En esta fase las sesiones de fuerza se reducen a 2 o 3 por semana y la EMS debe reducirse como mucho a 2 sesiones semanales buscando que entre ellas exista un descanso de al menos 72 h.

Cualquier fase de cese o descanso en la temporada en los que los entrenamientos de fuerza sean suprimidos, se acompañarán de un cese de los trabajos de EMS con objetivo de mejorar la fuerza. Pueden aun así utilizarse programas aeróbicos o de recuperación según la programación del entrenamiento.

7.4 PLANIFICACIÓN DEPORTIVA CON EMS

7.4.1 La sesión

Las sesiones serán las partes en que se dividen los micro ciclos. Puede hacerse una, dos y hasta tres diarias según la planificación realizada. Cada sesión contará de un trabajo de calentamiento, una fase específica y una fase de vuelta a la calma. Pueden darse sesiones de trabajo aeróbico, anaeróbico, fuerza máxima... y en todos ellos puede utilizarse la EMS como método combinado.

Puesto que cada sesión contará con una fase de calentamiento y que la EMS va a utilizarse como combinación de un ejercicio físico, no será necesario realizar una fase de calentamiento mediante EMS. Aun así puede realizarse durante 2 o 3 min. por grupo muscular.

Habrá que tener en cuenta el principio de contracción de agonista-antagonista y no trabajar ambos músculos en la misma sesión.

El tiempo aproximado de estimulación por grupo muscular dependerá del trabajo que esté planificado: fuerza máxima, aeróbico, anaeróbico..., salvando excepciones como el tríceps sural, donde el tiempo total de aplicación será menor que en otros grupos musculares puesto que, el dolor post-esfuerzo generado por la EMS es más acentuado, y en el caso de los abdominales donde podrá trabajarse mayor tiempo.

Se estimularán tres grupos musculares por sesión de fuerza máxima o de trabajo anaeróbico con un tiempo de 12 min. por grupo muscular y en el caso de las sesiones aeróbicas se estimulará un único grupo muscular durante 20 o 30 minutos.

7.4.2 La semana

Se realizarán entre 3 ó 4 sesiones semanales según los trabajos a complementar con la EMS. En el caso de que únicamente quiera complementarse la fuerza máxima, se relazarán 2 sesiones dejando siempre 48 -72h de descanso entre cada una de ellas. En el caso de querer complementar un trabajo aeróbico, 1 ó 2 sesiones serán suficientes y la recuperación puede ser menor, 48h. En ocasiones será preciso complementar ambos trabajos para lo que se puede realizar 2 sesiones de fuerza máxima y 1 ó 2 de trabajo aeróbico.

Lo que siempre debe quedar claro es que la EMS complementa un entrenamiento físico voluntario ya planificado, y sobre el cual adaptaremos este método.

7.4.3 El ciclo

Los ciclos de EMS requieren como otros tipos de entrenamiento subidas y bajadas para cumplir el principio de la sobrecarga. Para ello podemos alternar semanas de EMS con semanas en las que sólo se realice entrenamiento voluntario.

Para una mejora de la fuerza será preciso realizar de 4 a 6 semanas de EMS y dejar después 2 semanas de entrenamiento voluntario. En el caso de querer trabajar la capacidad aeróbica serán necesarias al menos 5 o 6 semanas de trabajo, sin tener por ello que aumentar las semanas de trabajo voluntario sin EMS.

7.4.4 La temporada

A la hora de planificar la temporada mediante EMS es muy importante basarnos en la planificación deportiva realizada, a fin de tener muy en cuenta los periodos de descanso y competición. Es necesario abandonar la complementación mediante EMS 2 o 3 semanas antes de la competición.

Los mejores resultado en cuanto a fuerza muscular se consiguen después de 2 semanas sin trabajar con EMS, y hacer coincidir la competición con una fase del ciclo en la que se esta realizando el entrenamiento combinado tendría resultados nefastos.

En el caso del trabajo aeróbico por una parte, los resultados son más duraderos y puede interrumpirse la combinación del trabajo con EMS 3 semanas antes de la competición si existe una sobrecarga de la musculatura trabajada. Por otra parte la necesidad de recuperación no es tan imperiosa como en el caso del trabajo de fuerza máxima ya que, la solicitación muscular mediante EMS no es tan agresiva, por lo que puede retirarse la EMS si el tono muscular lo permite hasta 1 semana antes de la competición.

8. PLANIFICACIONES PRÁCTICAS MEDIANTE ELECTROESTIMULACIÓN NEUROMUSCULAR

La programación del entrenamiento de EMS debe realizarse siempre en base a la planificación del resto de entrenamientos ya que no debemos olvidar nunca que se trata de "un complemento". Por ello las sesiones de EMS se programarán atendiendo a la capacidad que queramos entrenar así, en el caso de querer mejorar la fuerza explosiva, utilizaremos la EMS como complemento a los días en que se entrenen los multisaltos. En caso de querer mejorar la resistencia aeróbica, completaremos el entrenamiento mediante EMS las sesiones de entrenamiento aeróbico extensivo.

Deberá tenerse también en cuenta la disciplina que quiera mejorarse para planificar el momento en el que se aplica la EMS ya que no será igual mejorar la manifestación explosiva-elástica-reactiva en un saltador, en el que se aplicara la corriente antes de los multisaltos, que la misma manifestación en un corredor de 100 m.l, al que se le aplicará la combinación simultánea de la EMS y los multisaltos.

Se presentan a continuación algunas planificaciones anuales reales, así como entrenamientos semanales de los mismos. Sobre ellos se realiza la planificación y complementación de la EMS, estableciendo la frecuencia de corriente adecuada para cada trabajo, tiempos de trabajo y recuperación, ejercicio voluntario al que se complementa, momento en el que se realiza la EMS en referencia a ese ejercicio.

8.1 ENTRENAMIENTO DE UN SALTADOR DE LONGITUD DURANTE 22 SEMANAS

El atleta realizará una Fase de Adaptación Anatómica de 6 semanas de duración durante las cuales se irá aumentando la carga de trabajo progresivamente. Se trabajará a base de series al 70% de la capacidad máxima, ejercicios de fuerza sin peso y multisaltos en series de varias repeticiones e intensidades submáximas. Se comenzará realizando las sesiones de fuerza una vez por semana durante las cuatro primeras semanas y se corresponderán las mismas con los martes y viernes entrenándose en cada una de ellas diferentes grupos musculares. En la 5 y 6 semanas se realiza las sesiones de fuerza dos días por semana manteniendo para ello las sesiones del martes y viernes.

A continuación se programa una Fase de Fuerza Máxima de 9 semanas de duración. La programación de la misma incluirá como trabajo principal de cada sesión: series cortas de hasta 80 m los Lunes, trabajo de fuerza los Martes y Viernes mediante pesas que irá aumentando el volumen a medida que pasen las semanas con transferencia mediante multisaltos los Viernes y series cortas lastradas los Martes, series progresivas de 150 y 200 m los viernes y gimnasio de acondicionamiento general los Jueves.

En una última fase se trabajará la conversión a potencia de 6 semanas de duración manteniéndose la planificación semanal realizada en la fase de fuerza máxima, pero aumentando la intensidad de los ejercicios de la misma así como los tiempos de recuperación. Se buscará en esta fase una recuperación total entre repeticiones.

Debido a que la competición tendrá lugar en la semana 22, es necesario suprimir el trabajo con EMS en la semana 20, para que se produzca la supercompensación esperada.

Así mismo puesto que el trabajo de fuerza que buscamos debe ser transferido a la capacidad de salto, la EMS se aplicará siempre previa al ejercicio voluntario.

Realmente solo en las últimas 4 semanas de EMS se emplea una frecuencia adecuada para el entrenamiento de la manifestación explosiva-reactiva-elástica de la fuerza, pero debemos tener en cuenta que es necesario realizar unas adaptaciones y entrenamientos previos del resto de manifestaciones y capacidades al igual que se realiza mediante el entrenamiento voluntario.

	S	Músculo	Días						FC	A. Im	T.Con	Ram	T.Rec	T.Tot	Ejerc. Combinados	Momen	Entr Vol
F			L	M	X	J	V	S D									
		Cuádriceps		X					35	400	6	0.5	12	15	Sentadillas sin peso	Antes	Fuerza
A	1	Glúteo		X					35	200	6	0.5	12	15	C. Patas elevar pierna	Antes	Fuerza
D	y	Isquiotibial				X			35	350	6	0.5	12	15	Elevación pelvis banco	Antes	Fuerza
A	2	Gemelos				X			35	200	6	0.5	12	15	Ponerse de puntillas	Antes	Fuerza
P			L	M	X	J	V	S D									
T		Cuádriceps		X					40	390	7	0.5	14	15	Sentadillas sin peso	Antes	Fuerza
A	3	Glúteo		X					40	190	7	0.5	14	15	C. patas elevar pierna	Antes	Fuerza
C	y	Isquiotibial				X			40	340	7	0.5	14	15	Elevación pelvis banco	Antes	Fuerza
I	4	Gemelos				X			40	190	7	0.5	14	15	Ponerse de puntillas	Antes	Fuerza
Ó			L	M	X	J	V	S D									
N		Cuádriceps		X	X				45	380	7	0.5	16	12	Sentadillas sin peso	Antes	Fuerza
	5	Glúteo		X	X				45	180	7	0.5	16	12	C. patas elevar pierna	Antes	Fuerza
	y	Isquiotibial	X			X			45	330	7	0.5	16	12	Elevación pelvis banco	Antes	Fuerza
	6	Gemelos	X			X			45	180	7	0.5	16	12	Ponerse de puntillas	Antes	Fuerza
		Músculo							FC	A. Im	T.Con	Ram	T.Rec	T.Tot	Ejerc. Combinados	Momen	EntreVol
F			L	M	X	J	V	S D									
F	7	Cuádriceps		X		X			85	380	4	0.25	25	12	Sentadillas con peso	Antes	Fuerza
U	8	Glúteo		X		X			85	180	4	0.25	25	12	Subida Banco	Antes	Fuerza
E	y	Isquiotibial	X		X				85	330	4	0.25	25	12	Isquiotibial Sentado	Antes	Fuerza
R	9	Gemelos	X		X				85	180	4	0.25	25	12	Gemelo con peso	Antes	Fuerza
Z			L	M	X	J	V	S D									
A	10	Cuádriceps		X		X			95	370	4	0.25	16	12	Sentadillas con peso	Antes	Fuerza
	11	Glúteo		X		X			95	170	4	0.25	16	12	Subida Banco	Antes	Fuerza
	y	Isquiotibial	X		X				95	320	4	0.25	16	12	Isquiotibial Sentado	Antes	Fuerza
M	12	Cuádriceps	X		X				95	170	4	0.25	16	12	Gemelo con peso	Antes	Fuerza
Á			L	M	X	J	V	S D									
X	13	Cuádriceps		X		x			100	370	3	0.2	18	12	Sentadillas con peso	Antes	Fuerza
I	14	Glúteo		X		x			100	170	3	0.2	18	12	Subida Banco	Antes	Fuerza
M	y	Isquiotibial	X		X				100	320	3	0.2	18	12	Isquiotibial Sentado	Antes	Fuerza
A	15	Cuádriceps	X		X				100	170	3	0.2	18	12	Gemelo con peso	Antes	Fuerza

		Músculo	Días						FC	A. Im	T.Con	Ram	T.Rec	T.Tot	Ejercicios Combinados	Momen	Entr Vol
F			L	M	X	J	V	S	D								
		Cuádriceps			X		x			130	360	3	0	30	10 Multisaltos	Antes	Fuerza
C	16	Glúteo			X		x			130	160	3	0	30	10 Multisaltos	Antes	Fuerza
O	y	Isquiotibial	X			X				130	310	3	0	30	10 Multisaltos	Antes	Fuerza
N	17	Cuádriceps	X			X				130	160	3	0	30	10 Multisaltos	Antes	Fuerza
V			L	M	X	J	V	S	D								
E		Cuádriceps			X		x			150	360	2	0	35	12 Pliometría	Antes	Fuerza
R	18	Glúteo			X		x			150	160	2	0	35	12 Pliometría	Antes	Fuerza
S	y	Isquiotibial	X			X				150	310	2	0	35	12 Pliometría	Antes	Fuerza
	19	Cuádriceps	X			X				150	160	2	0	35	12 Pliometría	Antes	Fuerza
P			L	M	X	J	V	S	D								
O	20																
T	21																
E																	
N	22										**COMPETICIÓN**						

Tabla 3. Programación de EMS para saltador (FC = Frecuencia de corriente; A. Imp Ancho de Impulso; T con. = tiempo de contracción; Ram = rampa de subida de corriente; T. Rec = Tiempo de recuperación; T.Tot = Tiempo total: Moment = Momento de aplicación de la corriente; Entre vol = entrenamiento voluntario)

8.2 ENTRENAMIENTO DE UN VELOCISTA DE 100 M.L DURANTE 22 SEMANAS

El atleta realizará una Fase de Adaptación Anatómica de 6 semanas de duración durante las cuales se irá aumentando la carga de trabajo progresivamente. Se trabajará a base de series al 70% de la capacidad máxima, ejercicios de fuerza sin peso y multisaltos en series de varias repeticiones e intensidades submáximas. Se comenzará realizando las sesiones de fuerza una vez por semana durante las cuatro primeras semanas y se corresponderán las mismas con los martes y viernes entrenándose en cada una de ellas diferentes grupos musculares. En la 5 y 6 semanas se realiza las sesiones de fuerza dos días por semana manteniendo para ello las sesiones del martes y viernes.

A continuación se programa una Fase de Fuerza Máxima de 9 semanas de duración. La programación de la misma incluirá como trabajo principal de cada sesión: series cortas de hasta 100 m los

Lunes, trabajo de fuerza los Martes y Viernes mediante pesas que irá aumentando el volumen a medida que pasen las semanas con transferencia mediante multisaltos los Viernes y series cortas lastradas los Martes, series progresivas de 150 m los Viernes, gimnasio de acondicionamiento general los Jueves y series de 300 m los Miércoles tras realizar trabajo en cuestas.

En una última fase se trabajará la conversión a potencia de 6 semanas de duración manteniéndose la planificación semanal realizada en la fase de fuerza máxima, pero aumentando la intensidad de los ejercicios de la misma así como los tiempos de recuperación. Se buscará en esta fase una recuperación total entre repeticiones.

Debido a que la competición tendrá lugar en la semana 22, es necesario suprimir el trabajo con EMS en la semana 20, para que se produzca la supercompensación esperada.

Así mismo puesto que el trabajo de fuerza que buscamos debe ser transferido a la capacidad de velocidad, la EMS se aplicará siempre de forma simultánea al ejercicio voluntario.

Realmente solo en las últimas 4 semanas de EMS se emplea una frecuencia adecuada para el entrenamiento de la manifestación explosiva-reactiva-elástica de la fuerza, pero debemos tener en cuenta que es necesario realizar unas adaptaciones y entrenamientos previos del resto de manifestaciones y capacidades al igual que se realiza mediante el entrenamiento voluntario.

COMPLEMENTO DEL ENTRENAMIENTO DE VELOCIDAD 100m.l MEDIANTE EMS															
S		Músculo		Días				FC	A. Imp	T.Con	Ram	T.Rec	T.Tot	Ejercicios Combinados	Momen	Entre Vo
F			L	M	X	J	V	S	D							
		Cuádriceps			X				35	400	6	0.5	12	15	Sentadillas sin peso	Antes	Fuerza
A	1	Glúteo			X				35	200	6	0.5	12	15	C. Patas elevar pierna	Antes	Fuerza
D	y	Isquiotibial						x		35	350	6	0.5	12	15	Elevación pelvis banco	Antes	Fuerza
A	2	Gemelos						x		35	400	6	0.5	12	15	Ponerse de puntillas	Antes	Fuerza
P			L	M	X	J	V	S	D							
T		Cuádriceps			X				40	390	7	0.5	14	15	Sentadillas sin peso	Antes	Fuerza
A	3	Glúteo			X				40	190	7	0.5	14	15	C. patas elevar pierna	Antes	Fuerza
C	y	Isquiotibial						x		40	340	7	0.5	14	15	Elevación pelvis banco	Antes	Fuerza
I	4	Gemelos						x		40	390	7	0.5	14	15	Ponerse de puntillas	Antes	Fuerza
Ó			L	M	X	J	V	S	D							
N		Cuádriceps			X				x	45	380	7	0.5	16	12	Sentadillas sin peso	Antes	Fuerza
	5	Glúteo			X				x	45	180	7	0.5	16	12	C. patas elevar pierna	Antes	Fuerza
	y	Isquiotibial	X					x		45	330	7	0.5	16	12	Elevación pelvis banco	Antes	Fuerza
	6	Gemelos	X					x		45	380	7	0.5	16	12	Ponerse de puntillas	Antes	Fuerza
		Músculo		Días						FC	A. Imp	T.Con	Ram	T.Rec	T.Tot	Ejercicios Combinados	Momen	Entre Vo
F			L	M	X	J	V	S	D							
	7	Cuádriceps	X					x		85	400	3	0	20	12	Sentadillas con peso	Durante	Fuerza
F	8	Glúteo	X					x		85	200	3	0	20	12	Subida Banco	Durante	Fuerza
U	y	Isquiotibial	X					x		85	350	3	0	20	12	Isquiotibial Sentado	Durante	Fuerza
E	9	Gemelos	X					x		85	400	3	0	20	12	Gemelo con peso	Durante	Fuerza
R			L	M	X	J	V	S	D							
Z	10	Cuádriceps	X					x		95	390	3	0	15	12	Sentadillas con peso	Durante	Fuerza
A	11	Glúteo	X					x		95	190	3	0	15	12	Subida Banco	Durante	Fuerza
	y	Isquiotibial	X					x		95	340	3	0	15	12	Isquitibial Sentado	Durante	Fuerza
M	12	Cuádriceps	X					x		95	390	3	0	15	12	Gemelo con peso	Durante	Fuerza
Á			L	M	X	J	V	S	D							
X	13	Cuádriceps	X					x		100	380	2	0	16	12	Sentadillas con peso	Durante	Fuerza
I	14	Glúteo	X					x		100	180	2	0	16	12	Subida Banco	Durante	Fuerza
M	y	Isquiotibial	X					x		100	330	2	0	16	12	Isquitibial Sentado	Durante	Fuerza
A	15	Cuádriceps	X					x		100	380	2	0	16	12	Gemelo con peso	Durante	Fuerza
		Músculo		Días						FC	A. Imp	T.Con	Ram	T.Rec	T.Tot	Ejercicios Combinados	Momen	Entre Vo
F			L	M	X	J	V	S	D							
		Cuádriceps	X					x		120	390	2	0	20	10	Multisaltos	Durante	Fuerza
C	16	Glúteo	X					x		120	190	2	0	20	10	Multisaltos	Durante	Fuerza
O	y	Isquiotibial	X					x		120	340	2	0	20	10	Multisaltos	Durante	Fuerza
N	17	Cuádriceps	X					x		120	390	2	0	20	10	Multisaltos	Durante	Fuerza
V			L	M	X	J	V	S	D							
E		Cuádriceps	X					x		150	380	1	0	25	12	Pliometría	Durante	Fuerza
R	18	Glúteo	X					x		150	180	1	0	25	12	Pliometría	Durante	Fuerza
S	y	Isquiotibial	X					x		150	330	1	0	25	12	Pliometría	Durante	Fuerza
	19	Cuádriceps	X					x		150	380	1	0	25	12	Pliometría	Durante	Fuerza
P			L	M	X	J	V	S	D							
O	20															
T	21															
E																
N	22						**COMPETICIÓN**									

Tabla 4. Programación de EMS para un velocista de 100 m.l (FC = Frecuencia de corriente; A. Imp Ancho de Impulso; T con. = tiempo de contracción; Ram = rampa de subida de corriente; T. Rec = Tiempo de recuperación; T.Tot = Tiempo total: Moment = Momento de aplicación de la corriente; Entre vol = entrenamiento voluntario

8.3 ENTRENAMIENTO DE UN CICLISTA DE CARRETERA

El atleta realizará una Fase de Adaptación Anatómica de 6 semanas de duración durante las cuales se irá aumentando la carga de trabajo progresivamente. Se realizará el trabajo de fuerza una vez por semana y estará programado para los martes. Los viernes se realizará un trabajo aeróbico en rodillo que aprovecharemos para realizar la complementación de cuadriceps aeróbica, y los Miércoles en la sesión de rodillo complementaremos los isquiotibiales y gemelos. Los lunes, sábado y Domingos se realizan los entrenamientos largos así como las series.

A continuación se programa una Fase de Fuerza Máxima de 9 semanas de duración. La programación de la misma incluirá dos sesiones de gimnasio semanales que se realizarán los martes y domingos en los que aprovecharemos para complementar le trabajo de fuerza de la musculatura principal: cuádriceps y glúteo. Los lunes en la sesión de rodillo trabajaremos la musculatura complementaria isquiotibiales y gemelos y en las sesiones aeróbicas de martes y viernes complementaremos la musculatura de cuádriceps y glúteo con EMS.

En una última fase se trabajará la conversión a fuerza resistencia durante 3 semanas. Se realizará una única sesión de fuerza los Miércoles y el trabajo aeróbico se realizará en la sesión del Viernes en rodillo en la que complementaremos la musculatura principal: cuadriceps y glúteo, y en la sesión del Viernes en rodillo la musculatura secundaria.

Debido a que la competición tendrá lugar en la semana 21, es necesario suprimir el trabajo con EMS en la semana 19, para que se produzca la supercompensación esperada.

	S	Músculo	Días				FC	A. Imp	T.Con	Ram	T.Rec	T.Tot	Ejercicios Combinados	Momen	Entre Vo
F			L M X J V S D												
		cuádriceps	X				20	400	8	1	10	30	Rodillo	Durante	Aer. Ex
A	1	Glúteo	X				20	200	8	1	10	15	Rodillo	Durante	Aer. Ex
D		Isquiotibial		x			20	350	8	1	10	15			
A	2	Gemelos		x			20	200	8	1	10	20			
P		cuádriceps	X				40	400	6	0.5	14	12	Sentadillas sin peso	Antes	Fuerza
T	3	Glúteo	X				40	200	6	0.5	14	12	Sentadillas sin peso	Antes	Fuerza
A			L M X J V S D												
C		cuádriceps	X				25	390	8	1	10	30	Rodillo	Durante	Aer. Ex
I	4	Glúteo	X				25	190	8	1	10	15	Rodillo	Durante	Aer. Ex
Ó		Isquiotibial		x			25	340	8	1	10	15			
N	5	Gemelos		x			25	190	8	1	10	20			
		cuádriceps	X				50	390	5	0.5	15	12	Sentadillas sin peso	Antes	Fuerza
	6	Glúteo	X				50	180	5	0.5	15	12	Sentadillas sin peso	Antes	Fuerza
		Músculo	Días				FC	A. Imp	T.Con	Ram	T.Rec	T.Tot	Ejercicios Combinados	Momen	Entre Vo
F			L M X J V S D												
	7	cuádriceps	X		x		30	370	8	1	12	30	Rodillo	Durante	Aer. Ext
F	8	Glúteo	X		x		30	180	8	1	12	30	Rodillo	Durante	Aer. Ext
U	Y	Isquiotibial	X				30	330	8	1	12	15			
E	9	Gemelos	X				30	180	8	1	12	15			
R		cuádriceps	X			x	85	370	4	0	15	8	Sentadillas con peso	Antes	Fuerza
Z		Glúteo	X			x	85	180	4	0	15	8	Sentadillas con peso	Antes	Fuerza
			L M X J V S D												
M		cuádriceps	X		x		35	360	10	1	12	30	Rodillo	Durante	Aer. Ext
Á	10	Glúteo	X		x		35	170	10	1	12	30	Rodillo	Durante	Aer. Ext
X	11	Isquiotibial	X				35	320	10	1	12	15			
I	Y	Gemelos	X				35	170	10	1	12	15			
M	12	cuádriceps	X			x	90	360	4	0	15	8	Sentadillas con peso	Antes	Fuerza
A		Glúteo	X			x	90	170	4	0	15	8	Sentadillas con peso	Antes	Fuerza
			L M X J V S D												
		cuádriceps	X		x		35	350	10	1	12	20	Rodillo	Durante	Aer. Ext
	13	Glúteo	X		x		35	160	10	1	12	20	Rodillo	Durante	Aer. Ext
	14	Isquiotibial	X				35	310	10	1	12	15			
	Y	Gemelos	X				35	160	10	1	12	15			
	15	cuádriceps	X			x	95	350	4	0	15	8	Sentadillas con peso	Antes	Fuerza
		Glúteo	X			x	95	160	4	0	15	8	Sentadillas con peso	Antes	Fuerza
		Músculo	Días				FC	A. Imp	T.Con	Ram	T.Rec	T.Tot	Ejercicios Combinados	Momen	Entre Vo
C			L M X J V S D												
O		cuádriceps		x			40	350	10	1	12	20	Rodillo	Durante	Aer. Ext
N	16	Glúteo		x			40	160	10	1	12	20	Rodillo	Durante	Aer. Ext
		Isquiotibial	X				40	310	10	1	12	15			
F	17	Gemelos	X				40	160	10	1	12	15			
		cuádriceps	X				100	350	4	0	15	8	Sentadillas con peso	Antes	Fuerza
R	18	Glúteo	X				100	160	4	0	15	8	Sentadillas con peso	Antes	Fuerza
E															
S	21									**COMPETICIÓN**					

Tabla 5. Programación de EMS para un Ciclista de carretera (FC = Frecuencia de corriente; A. Imp Ancho de Impulso; T con. = tiempo de contracción; Ram = rampa de subida de corriente; T. Rec = Tiempo de recuperación; T.Tot = Tiempo total: Moment = Momento de aplicación de la corriente; Entre vol = entrenamiento voluntario

8.4 ENTRENAMIENTO DE UN CICLISTA DE BBT

A continuación se presenta una semana de entrenamiento de un deportista de ciclismo de montaña. En este caso la EMS podría utilizarse como complemento al entrenamiento de fuerza en gimnasio e incluso ayudar al entrenamiento regenerativo del Martes de ciclismo de carretera.

Puesto que se trata de la semana 6 de la temporada, la frecuencia de corriente deberá adaptarse a ello teniendo en cuenta que estaremos persiguiendo mejorar la fuerza resistencia en los entrenamientos de gimnasio y el trabajo de fibras blancas en el entrenamiento del martes.

	L	m	X	J	v	s	D
gimnasio	6x10 flexiones 6x10 Splits			gimnasio variado 4x30 antebrazo barra 4x12 polea tríceps 4x8 prensa de piernas 4x30 gemelo en escalón			
ciclismo	Montaña 4 horas CAD:75-80 ppm:70% 2x10´ 90% ppm 3´ sentre series	Carretera 2 horas regenerativo ppm:65% CAD 80-90	Montaña 2,5 horas suaves terreno complicado	carretera 3 horas CAD:75-80 ppm:70% salidas sprints 2x(5x30"/3´) 5´entre series		montaña 4 horas CAD:75-80 pmm:70% 2 subidas largas de 20´ aprox. ppm:85%	Montaña 4 horas CAD 75-80 ppm:75% hacer 4x5´ 90% 3´ entre series

Tabla 6. CAD= cadencia, ppm = pulso por minuto. Entrenamiento semana 6 de ciclismo de Montaña. Fuente: Javier Gutiérrez Hernández

Se presenta el entrenamiento semanal del mismo deportista pero en la semana 50 de la temporada. Continuaremos complementando aquí mediante EMS los entrenamientos de gimnasio en los que habremos variado al frecuencia de corriente así como el ancho de impulso, y dado que el entrenamiento de ciclismo estático de técnica se realiza el Viernes y el gimnasio de tren inferior es el Lunes, podremos complementar la sesión del Viernes con EMS ya que habrán pasado más de 72h desde la última sesión de tren inferior con EMS.

	L	M	m	J	v	S	D
	Gimnasio					Gimnasio	
	tren inferior					tren superior	
g i m n a s i o	4x10 splits laterales 4x10 splits frontales 4x1 isometricos sentadilla en pared 4x10 prensa de piernas 4x10 isquiotibiales					4x10 pájaro mancuernas 4x10 bíceps mancuernas 4x10 polea tríceps 4x12 flexiones 4x10 jalón espalda 4x30 antebrazo con barra	
a t l e t	1 hora 15 min.					1 hora 15 min.	
c i c l i s m o		3 horas montaña ppm:65% CAD 80-90 2x15′90% (subidas)	montaña 3 horas CAD 90-95 ppm 65% 30′ técnica	3 horas carretera ppm 65% CAD 80-90 1x30′80%	1 hora estática (20′+ 10x1′ solo iz/1′ solo iz+ 10x30″solo izq/30′ solo dcho)		

Tabla 7. CAD= Cadencia, ppm = pulso por minuto. Entrenamiento semana 50 de ciclismo de Montaña. Fuente: Javier Gutiérrez Hernández

COMPLEMENTO DEL ENTRENAMIENTO DE CICLISMO DE BBT MEDIANTE EMS

S	Músculo	Días							FC	A. Im	T.Con	Ram	T.Rec	T.Tot	Ejercicios Combinados	Momen	Entr Vol
F		L	M	X	J	V	S	D									
	Cuádriceps	x							80	360	3	0	12	12	Split + Prensa	Durante	Fuerza
A	Glúteo	x							80	150	3	0	12	12	Split + Prensa	Durante	Fuerza
D	Tríceps			x					80	140	3	0	15	8	Polea Tríceps (2x10)	Durante	Fuerza
A 6	Gemelos			x					35	160	10	1	10	20	Ponerse de puntillas	Durante	Fuerza
T	Isquiotibial			x					35	310	10	1	10	20	Elevación pelvis supino	Durante	Fuerza
A	Cuádriceps			x					35	350	10	1	10	30	Rodillo	Durante	Aer.Reg

Tabla 8. Programación de EMS para un Ciclista de BBT (FC = Frecuencia de corriente; A. Imp Ancho de Impulso; T con. = tiempo de contracción; Ram = rampa de subida de corriente; T. Rec = Tiempo de recuperación; T.Tot = Tiempo total: Moment = Momento de aplicación de la corriente; Entre vol = entrenamiento voluntario)

8.5 ENTRENAMIENTO PARA EL IRONMAN DE HAWAI 2011

Se presenta la planificación anual del triatleta David Corredor realizada por su entrenador Javier Gutiérrez Hernández para el IronMan de Hawai 2011, así como los entrenamientos de dos semanas de dicha planificación. Se expone también la programación de EMS que se pudiera haber seguido para complementar dichos entrenamientos.

S	fechas	deportes	L	M	X	J	V	S	D	Kms
19		natación	X	X	X	X			transic.	18
	9-15 mayo	bici		X		X		x	120+1 hora	400
		carrera			X	X				35
20		natación	X(OPC.)	X	X	X		transic.		18
	16-22 mayo	bici		X	X	X		140+	160 kms	450
		carrera		X	X	X		40 min		50
21		natación	X	X(OPC)	X	X			clasif.	17
	23-29 mayo	bici				X		130kms	águilas	290
		carrera		X					sprint	25
22		natación	X	X	X	X		transic.		17
	30 - 5 junio	bici	X		X	X		90	180 kms	350
		carrera	X		X	X		1h15 min.		55

S	fechas	deportes	L	M	X	J	V	s	D	Kms
23		natación	X		X	X			medio	21
	6-12 junio	bici				X		x	Hellín	300
		carrera		X						35
24		natación	X		X	X			transic.	17
	13-19 junio	bici				X	X	x	120+30 min.	375
		carrera			X					20
25		natación	X	X	X	X		x		17
	20-26 junio	bici		X	X	X		x	180 km	450
		carrera	X		X	X		x		55
26		natación	X		X	X			transic.	17
	27 - 3 julio	bici			X	X		90 Km.	130kms+	350
		carrera		X					2 horas	35
27		natación	X	X(OPC)	X	X				17
	4-10 julio	bici			X	X		150 Km.	2horas 30	350
		carrera			X	X				60
28	11-17 julio	natación	X	X(OPC)	X	X			Triatlón	15
		bici		X				x	Alcazar	150
		carrera				X				
29	18-24 julio	natación			X	X	x		IRONMAN	
		bici	X			X			FRANKFURT	
		carrera		X						
		natación								
30	25-31 julio	bici	D	E	S	C	A	N	S O	
		carrera								
		natación	X	X						10
31	1-7 agosto	bici	X	X				X		180
		carrera		X	X					23
		natación	X	X	X					10
32	8-14 agost	bici		X		X		X	X	250
		carrera	X		X				X	30
		natación		X	X					9
33	15-21 ago	bici	X	X	X	X			X	300
		carrera			X	X			X	45
		natación		X	X	X				12
34	22-28 ago	bici		X	X	X		X		400
		carrera		X	X				X	55
		natación	X		X					7
35	29 -4sept	bici	X	X	X					260
		carrera	X				X	X		50
		natación	X	X	X	X				10
36	5-11 sept	bici	X	X	X	X	X(150)			450

S	fechas	deportes	L	M	X	J	V	s	D	Kms
		carrera			X	X			X(2HORAS)	60
		natación	X	X		X		CTO.		10
37	12-18 sept	bici	X	X	X			ESPAÑA		350
		carrera		X	X			VIGO	X	40
		natación		X	X	X		X		10
38	19-25 sept	bici	X		X	X	X	X		400
		carrera		X	X	X	X			55
		natación	X	X	X		X			10
39	26 se-2oct	bici		X		X			X	150
		carrera	X		X			X		25
		natación		X	X	X	X			
40	3-9 oct	bici	X	X						
		carrera			X					

Tabla 9. Planificación IronMan Hawai 2011

	L	M	x	j	V	S	D
G i m n a s i o	Gimnasio 5x1 isométricos Cuadriceps 4x10 splits 4x35 gemelo en escalón excéntrico (todo sin peso)		gimnasio tren superior 4x8 dominadas 4x10 pájaros 4x10 flexiones codos cerrados 4x10 bíceps mancuernas 4x10 tríceps polea				
Na ta ci ón	2500 m	2000 m			1500 m aguas abiertas		
At le tis mo		previo a la bici 40 suaves	2horas 30 min. ritmo ironman	20suaves		Transición 90 Km.+ 1h30min (ritmo competición)	180 Km.
Ci cl is mo	1 hora rodillo z2, hacer 10x2' 4/2' alternar pie que hace fuerza	4horas z2 (hacer 4x2kms z3-4)/1km z2 entre medias			2 horas cabra		

Tabla 10. Semana 24: Periodo Específico

115

En la planificación general del año se pautaron dos tipos de trabajo semanales, un trabajo de fuerza que se realizó los días de gimnasio, y un segundo trabajo para complementar los entrenamientos de resistencia aeróbica. Debido al elevado número de sesiones que suponía complementar con la EMS los entrenamientos de fuerza de cada una de las tres disciplinas (natación, ciclismo y atletismo) y los de resistencia aeróbica, se estableció una planificación en la que se trabajaba la EMS una o dos veces semanales para complementar el entrenamiento de fuerza, y dos veces semanales para el entrenamiento de resistencia aeróbica.

S	Músculo	L	M	X	J	V	S	D	FC	A. Imp	T.Con	Ram	T.Rec	T.Tot	Ejer. Combinados	Momen	Entre Vo
	Cuádriceps				x				70	400	4	1	15	8	Split	Antes	Fuerza
	Glúteo				x				70	200	4	1	15	8	Split	Antes	Fuerza
19	Isquiotibial				x				70	350	4	1	15	8	Máquina Isquio	Antes	Fuerza
	Gemelos				x				70	200	4	1	15	8	Máquina gemelo	Antes	Fuerza
20	Cuádriceps	x							30	400	10	2	14	20	Rodillo	Durante	Aer. Ext
	Tríceps				x				70	200	4	1	15	8	Polea tríceps	Antes	Fuerza
	Dorsal				x				70	200	4	1	15	8	Dominadas	Antes	Fuerza
21	Cuádriceps			x					30	390	10	2	14	20	Rodillo	Durante	Aer. Ext
	Glúteo			x					30	190	10	2	14	20	Rodillo	Durante	Aer. Ext
	Cuádriceps				x				75	380	3	1	15	8	Split	Antes	Fuerza
	Glúteo				x				75	190	3	1	15	8	Split	Antes	Fuerza
22	Isquiotibial				x				75	340	3	1	15	8	Máquina Isquio	Antes	Fuerza
	Gemelos				x				75	190	3	1	15	8	Máquina gemelo	Antes	Fuerza
	Cuádriceps	x							30	390	12	2	14	20	Rodillo	Durante	Aer. Ext
	Tríceps				x				75	190	3	1	15	8	Polea Tríceps	Antes	Fuerza
	Dorsal				x				75	190	3	1	15	8	Dominadas	Antes	Fuerza
23	Cuádriceps			x					30	380	12	2	14	20	Rodillo	Durante	Aer. Ext
	Glúteo			x					30	190	12	2	14	20	Rodillo	Durante	Aer. Ext
	Cuádriceps				x				80	370	3	0.5	15	8	Split (2x10)	Durante	Fuerza
	Glúteo				x				80	180	3	0.5	15	8	Split (2x10)	Durante	Fuerza
24	Isquiotibial	x							30	350	10	2	15	12	No ejercicio Combinado		Aer. Ext
	Gemelos	x							30	200	10	2	15	12	No ejercicio Combinado		Aer. Ext
	Tríceps				x				80	180	3	0.5	15	8	Polea Tríceps (2x8)	Durante	Fuerza

ELECTROESTIMULACIÓN NEUROMUSCULAR EN EL DEPORTE: PROGRAMACIÓN DEL ENTRENAMIENTO

Músculo	L	M	X	J	V	S	D	FC	A. Imp	T.Con	Ram	T.Rec	T.Tot	Ejer. Combinados	Momen	Entre Vol
Dorsal			x					80	180	30.5			15	8Dominadas (2x8)	Durante	Fuerza
Cuádriceps				x				80	370	3	0		15	8Split (2x10)	Durante	Fuerza
Glúteo				X				80	180	3	0		15	8Split (2x10)	Durante	Fuerza
Isquiotibial	x							30	350	10	2		15	12Rodillo	Durante	Aer. Ext
Gemelos	x							30	200	10	2		15	12Rodillo	Durante	Aer. Ext
25Cuádriceps						x		35	370	12	2		14	20Rodillo	Durante	Aer. Ext
Tríceps			X					75	190	3	1		15	8Polea Tríceps (2x8)	Durante	Fuerza
Dorsal			X					75	190	3	1		15	8Dominadas (2x8)	Durante	Fuerza
Cuádriceps				x				85	360	3	0		15	8Split (2x10)	Durante	Fuerza
Glúteo				x				85	170	3	0		15	8Split (2x10)	Durante	Fuerza
26Isquiotibial	x							30	350	10	2		15	15Rodillo	Durante	Aer. Ext
Gemelos	x							30	200	10	2		15	15Rodillo	Durante	Aer. Ext
27Cuádriceps						x		35	370	12	2		14	25Rodillo	Durante	Aer. Ext
Tríceps			x					80	180	3	1		15	8Polea Tríceps (2x8)	Durante	Fuerza
Dorsal			x					80	180	3	1		15	8Dominadas (2x8)	Durante	Fuerza
28Cuádriceps			x					35	380	12	2		10	25Rodillo	Durante	Aer. Ext
Glúteo			x					35	190	12	2		10	25Rodillo	Durante	Aer. Ext
29Isquiotibial	x							35	370	12	2		10	20Rodillo	Durante	Aer. Ext
30	D	E	S	C	A	N	S	O								
Cuádriceps				x				85	360	3	0		15	12Split (2x10)	Durante	Fuerza
Glúteo				x				85	170	3	0		15	12Split (2x10)	Durante	Fuerza
Isquiotibial			x					30	350	10	2		15	15Rodillo	Durante	Aer. Ext
31Gemelos			x					30	200	10	2		15	15Rodillo	Durante	Aer. Ext
Cuádriceps	x							35	370	12	2		14	25Rodillo	Durante	Aer. Ext
Tríceps			x					80	180	3	1		15	8Polea Tríceps (2x8)	Durante	Fuerza
Dorsal			x					80	180	3	1		15	8Dominadas (2x8)	Durante	Fuerza
Cuádriceps				x				85	360	3	1		15	12Split (2x10)	Durante	Fuerza
Glúteo				x				85	170	3	1		15	12Split (2x10)	Durante	Fuerza
32Isquiotibial	x							35	340	12	3		15	15Rodillo	Durante	Aer. Ext
Gemelos	x							35	190	12	3		15	15Rodillo	Durante	Aer. Ext
Tríceps			x					85	180	3	0,5		15	10Polea Tríceps (2x8)	Durante	Fuerza
Dorsal			x					85	180	3	0,5		15	10Dominadas (2x8)	Durante	Fuerza
Cuádriceps	x							85	360	3	1		15	12Split (2x10)	Durante	Fuerza
Glúteo	x							85	170	3	1		15	12Split (2x10)	Durante	Fuerza
33Isquiotibial	x							40	340	12	3		15	20Rodillo	Durante	Aer. Ext

S	Músculo	L	M	X	J	V	S	D	FC	A. Imp	T.Con	Ram	T.Rec	T.Tot Ejer.	Combinados	Momen	Entre Vol
	Cuadriceps			x					40	190	12	3	15	30Rodillo		Durante	Aer. Ext
	Tríceps	x							85	180	3	0,5	15	10Polea Tríceps (2x8)		Durante	Fuerza
	Dorsal	x							85	180	3	0,5	15	10Dominadas (2x8)		Durante	Fuerza
	Cuádriceps			x					85	350	3	0	15	12Split (2x10)		Durante	Fuerza
	Glúteo			x					85	160	3	0	15	12Split (2x10)		Durante	Fuerza
	Isquiotibial			x					40	330	12	2	14	15Rodillo		Durante	Aer. Ext
34	Gemelos			x					40	170	12	2	14	15Rodillo		Durante	Aer. Ext
	Cuádriceps	x							40	340	12	2	14	30Rodillo		Durante	Aer. Ext
	Tríceps				x				85	170	3	0	15	10Polea Tríceps (2x8)		Durante	Fuerza
	Dorsal				x				85	170	3	0	15	10Dominadas (2x8)		Durante	Fuerza
35	D E S C A N S O													DE	EMS		
	Isquiotibial	x							40	320	12	3	8	25Rodillo		Durante	Aer. Ext
36	Gemelos	x							40	150	12	3	8	25Rodillo		Durante	Aer. Ext
	Cuádriceps			x					40	340	12	3	8	30Rodillo		Durante	Aer. Ext
	Cuádriceps			x					90	300	3	0	18	10Split (2x10)		Durante	Fuerza
	Glúteo			x					90	150	3	0	18	10Split (2x10)		Durante	Fuerza
37	Cuádriceps	x							40	320	15	4	12	25Rodillo		Durante	Aer. Ext
	Tríceps			x					90	150	3	1	18	8Polea Tríceps (2x8)		Durante	Fuerza
	Dorsal			x					90	150	3	1	18	8Dominadas (2x8)		Durante	Fuerza
	Cuádriceps	x							90	300	3	0	18	8Split (1x10)		Durante	Fuerza
	Glúteo	x							90	150	3	0	18	8Split (1x10)		Durante	Fuerza
38	Cuádriceps			x					40	320	15	4	12	25Rodillo		Durante	Aer. Ext
	Tríceps			x					90	150	3	1	18	6Polea Tríceps (2x8)		Durante	Fuerza
	Dorsal			x					90	150	3	1	18	6Dominadas (1x8)		Durante	Fuerza
39	D E S C A N S O													DE	EMS		
40	D E S C A N S O													DE	EMS		

Tabla 11. Planificación de la EMS para complementar el entrenamiento del Ironman de Hawai 2011

8.6 ENTRENAMIENTO SEMANAL PARA OPOSICIÓN DE BOMBERO

El entrenamiento plantea trabajo diario de fuerza además de cuatro días de carrera y dos de natación. En cuanto a la fuerza:

Lunes: se ejercitan cuádriceps y press banca así como multisaltos con predominio de gemelo utilizando una manifestación explosiva-elástica-reactiva de la fuerza. Complementaremos los multisaltos de gemelo y el press banca con EMS.

Martes: Se trabajarán dominadas así como salidas cortas donde se pone de manifiesto la expresión explosiva de la fuerza. Este entrenamiento no se complementará con EMS para respetar las 48-72h de descanso.

Miércoles: Se trabaja la potencia de pierna a máxima velocidad, expresión explosiva-reactiva de la fuerza. Complementaremos mediante la EMS el ejercicio de cuadriceps, tanto los splits como la prensa.

Jueves: Se complementará el trabajo de tríceps. No hay inconveniente en no respetar el reposo desde el miércoles puesto que el grupo muscular trabajado es diferente. El trabajo se realiza sobre la manifestación explosiva de la fuerza.

Viernes: Todo el trabajo de fuerza se realiza en tren superior. No se complementará con EMS para respetar las 48 de reposo. Podremos realizar un trabajo aeróbico de piernas en caso de que se considere oportuno.

	Lunes	martes	Miércoles	Jueves	viernes	Sábado
gimnasio/ técnica/ cuerda/ etc	Multis gemelos con barra 4x20 reps/3´ cinturón ruso 5x10 kgs 10 reps 6 multisaltos press banca 5x20 s. con 50kgs. / 3´	Cuerda 4x8 dominadas 4x4 mts lastre 4 kgs/1x5 mts sin lastre	Pierna 4 reps max. velocidad 3´entre serie 1.-extensiones cuadriceps 2.-prensa pierna 3.-isquiotibiales 4.-splits con peso 5.-gemelo a una pierna(30 reps) excéntricos	biseries 4x12flexiones/ dominadas press banca (test 40-40) 3x(2x10 s 60 kgs/2´)/5´ biceps-triceps 4x8 bíceps 4x8 tríceps 4x8 biceps Scott 4x8 press Frances	4x45" colgadas 4x8 dominadas con lastre (4kgs)/2´ gimnasio tren superior 4x8 remo bajo 4x8 elevaciones frontales 4x8 press hombro 4x8 polea cuerda	
natación		400 calentamiento 200 pull-palas 25 1 brazo 6x25 1´ 3x(3x75 mts) 200 suaves				400 calentaminto 5x(4x25/15")/1´30" 200 suaves
atletismo	10´+4x3´ 1´+10´ fuertes circuito multisaltos césped con 6 vallas	´	10´ técnica 2 x vallas coord. 3 x multis vallas 2 x 150/4´ 3 x 40/1´	10´+1x10´ fuerte 10´ pulso 170	1 hora trote suave ritmo bajo, trabajo aeróbico	

Tabla 12. Entrenamiento semanal para la oposición de bombero

		COMPLEMENTO DEL ENTRENAMIENTO DE OPOSICIÓN DE BOMBEROS											
		Días					A.				Ejercicios		Entr
S	Músculo	L	M	X	J	V	S	D	FC	Im	T.Con	Ram	T.Rec	T.Tot	Combinados	Momen	Vol
	Gemelos	X							150	180	1	0	1	8	Multisaltos	Durante	Fuerza
	Pectoral	X							120	180	1	0	1	40 s	Press Banca (2x20s)	Durante	Fuerza
	Cuádriceps			x					95	360	2	0	10	8	Split + Prensa	Durante	Fuerza
	Gemelos				x				90	180	3	0	12	6	Fondos tríceps	Durante	Fuerza
	Isquiotibial				x				90	330	3	0	12	6	Pres Francés	Durante	Fuerza
	Cuádriceps	X							35	360	8	0.5	12	20		Antes	Aer.Reg

Tabla 13. Programación semanal de la EMS para complementar el entrenamiento del opositor de bombero

8.7 ENTRENAMIENTO SEMANAL PARA SALTO POTRO GIMNASIA DEPORTIVA

Esta prueba de gimnasia es muy completa en cuanto a la utilización de las diferentes manifestaciones de la fuerza se refiere. Podríamos incluso clasificar dos deportes diferentes dentro de la propia prueba puesto que tenemos una parte importante de carrera entre 15 y 20 m que correspondería con una manifestación explosiva de la fuerza, y por otro lado el apoyo sobre el trampolín de los miembros inferiores y sobre el potro de los superiores que requiere un impulso rápido con una amplitud limitada, es decir, una manifestación explosiva-reactiva-elástica de la fuerza.

Así pues este entrenamiento podría componerse de 2 días a la semana en que se trabajaría la manifestación explosiva de la fuerza para la carrera, y un día semanal en el que se trabajará la manifestación explosiva-elástica-reactiva de la fuerza, orientada al salto. Por ello además de variar la frecuencia de estimulación de corriente aplicada cada día según la manifestación de la fuerza que se quiera mejorar, variaremos el momento en el que se realiza el ejercicio voluntario, después de la EMS en el caso de los saltos y de forma simultánea en el caso de la velocidad.

S	Músculo	Días						FC	A. Im	T.Con	Ram	T.Rec	T.Tot	Ejercicios Combinados	Momen	Entr Vol
		L	M	X	J	V	S	D									
	Gemelos		X			X			85	170	3	0	12	12	Multisaltos	Durante	Fuerza
	Cuádriceps	X			X				85	340	3	0	12	12	Prensa + splits	Durante	Fuerza
	Glúteos	X				X			85	210	3	0	12	12	Split + Prensa	Durante	Fuerza
	Gemelos			X					135	170	2	0	12	12	Máquina gemelos	Antes	Fuerza
	Tríceps			X					135	150	2	0	12	12	Press Francés	Antes	Fuerza
	Pectoral			x					135	170	2	0	12	12	Press banca	Antes	Fuerza

Tabla 14. Programación de la complementación de EMS para salto de Potro

Abreviaturas

A	Amperio
ABK	Abalakov
A.C	Antes de Cristo
ADP	Adenosin Di Fosfato
ATP	Adenosin Tri Fosfato
Bif. Simet. Cuad.	Bifásica Simétrica Cuadrada
Ca 2+	Calcio
CK	Creatina
Cm.	Centímetro
CMJ	Salto de Contramovimiento
CVM	Contracción Voluntaria Máxima
D.	Día
D.C	Después de Cristo
DJ	Drop Jump
EMS	Electroestimulación Neuro Muscular
E. Explosiva	Expresión Explosiva
E. Explosiva-elástica	Expresión Explosiva Elástica
E. Explosiva-elástica-reactiva	Expresión Explosiva-elástica-reactiva
GH	Hormona de Crecimiento
H.	Hora
Hz	Hercio
IMC	Índice de masa corporal
K +	Potasio
Kg.	Kilogramo

Khz.	Kilo Hercio
M.	Metro
MA	Mili Amperio
Min.	Minuto
Mg	Miligramo
M.l	Metros Lisos
Mm	Milímetro
M.v	Metros Vallas
Mseg	Milisegundo
Na +	Sodio
O2	Oxigeno
PCr	Fosfocreatina
RNM	Resonancia Nuclear Magnético
s	Segundo
Sem.	Semana
SJ	Squat Jump
V	Voltio
VD	Variable Dependiente
VI	Variable Independiente
VO2	Volumen de Oxígeno
'Ω	Omnio

Referencias Bibliográficas

- Aceña, R.M., Díaz, G., González, J.M., Juárez Santos, D., Navarro, F. (2007). Efecto sobre la mejora y retención de la fuerza de un programa de entrenamiento de fuerza con cargas concentradas en sujetos no entrenados. Revista Internacional de Ciencias del Deporte – RICYDE, 7(3), 24-33.
- Adams, G.R., Harris, R.T., Woodard, D., & Dudley, G.A. (1993). Mappinf of electrical muscle stimulation using MRI. Journal of applied physiology, 74(2), 532-537.
- Akima, H., Kano, Y., Enomoto, Y., Ishizo, Y., Okada, M., Oishi, Y., Katsuta, S., & Kyno, S.Y. (2001) Muscle function in164 men and woman 20 -84 years. Medicine and science in sports and exercise, 33(2), 220-226.
- Alon, G., & Smith, G. (2005). Tolerance and conditioning to neuromuscular electrical stimulation within and between sessions and gender. Journal of Sports Science and Medicine, 4, 395-405.
- Babault, N., Cometti, G., Bernardin, M., Pousson, M., & Chatard, J. (2007). Effects of electromyostimulation training on muscle strength and power of elite rugby players. Journal of Strength and Conditioning Research, 21(2), 431-437. Retrieved from http://proquest.umi.com/pqdweb?did=1295062251&Fmt=7&clientId=46503&RQT=309&VName=PQD
- Baker, D., Nance, S. (1999). The relationship between running speed and measure of strength and power in proffesional rugby league players. Journal of strength and conditioning Research, 13, 230-235.
- Banerjee, P., Caulfield, B., Crowe, L. & Clark, A. (2005). Prolonged electrical muscle stimulation exercise improves strength and aerobic capacity in healty sedentary adults. Journal of applied physiology, 99(6), 2307-2311.
- Basas, A. Fisioterapia, 23(2), 36-47.
- Bax, L., States, F., & Varghagen, A. (2006). Does neuromuscular electrical stimulation strengthen the quadriceps femoris? Sports Medicine, 35(3), 191-212.
- Belli A, B. C. Influence of stretch-shortening cycle on mechanical behaviour of triceps surae during hopping. Acta of Physioloicay Scandinavicaa, 144(4), 401-408.
- Benito, E. (2008). Electroestimulación: Aumento de la fuerza muscular medido por el test de Bosco. Fisioterapia y Calidad De Vida, 11(1), 27-33.

- Benito, E., Sánchez, L., & Martínez-López, E. (2010). Effect of combined plyometric and electrostimulation training on vertical jump. Revista Internacional de Ciencias del Deporte- RICYDE, 21, 322-334.
- Benito, I. (1974). Principios de electricidad. Salamanca: Academia Nacional Politécnica.
- Billot, M., Martin, A., Paizis, C., Cometti, C., Babault, N. (2010). Effects of an electrostimulation training program on strength, jumping and kicking capacities in soccer players. Journal of Strength and Conditioning Research, 24, 1407-1413.
- Binder-Macleod, S., & MC Dermond, L. (1992). In the force-frequency relationship of the human quadriceps femoris muscle following electrically and voluntarily induced fatigue. Physical Therapy, 72, 95-104.
- Binder-Macleod, S., & Scott, W. (2001). Comparison of fatigue produced by various electrical stimulation trains. Acta Physiologica Scandinavica, 172(3), 195-203.
- Bobbert, M. F. (1990). Drop jumping as a training method for jumping ability. Sports Medicine, 9, 7-22.
- Bogaerts, AN., Delecluse, C., Claessens, A., Coudyzer, W., Bonnen, S., Verschueren, S. (2007). Impact of whole-body vibration training versus fitness training on muscle strength and muscle mass in older men: A year randomized controlled trial. The journals of Gerntology, 62, 630-635.
- Bompa, T. (2004). Entrenamiento de la potencia aplicado a los entrenamientos. Barcelona: INDE.
- Boschetti, G. (2002). ¿Qué es la electroestimulación? teoría, práctica y metodología del entrenamiento. Barcelona: Paidotribo.
- Bosco C, Iacovelli M, Tsarpela O, Cardinale M, Bonifazi M, Tihanyi J, Viru M, De Lorenzo A, Viru A. (2000). Hormonal responses to whole-body vibration in men. European Journal of Applied Physiology, 81(6), 449-454.
- Brocherie, F., Babault, N., Cometti, G., Maffiuletti, N., & Chatard, J. C. (2005). Electrostimulation training effects on the physical performance of ice hockey players. Medicine and Science in Sports and Exercise, 37(3), 455-460.
- Brooks, ME., Smith, EM., & Currier, D. (1990). Effect of Longitudinal Versus Transverse Electrode Placement on Torque Production by the Quadriceps Femoris Muscle during Neuromuscular Electrical Stimulation. Journal of orthopaedic Sports and Physical Therapy, 11(11), 530-534.

- Bruton, J.D., Katz, A., Lännergren, J., Abbate, F., & Westerblad, H. (2002). Regulation of myoplasmic Ca(2+) in genetically obese (ob/ob) mouse single skeletal muscle fibres. Pflugers Archives, 444(6), 692-699.
- Caggiano, E., Emery, T., Shirley, S., & Craik, R. (1994). Effects of electrical stimulation or voluntary contraction for strengthening teh queadriceps femoris muscle in an aged male population. Journal of Orthopaedic and Sports Physical Therapy, 20(1), 22-28.
- Caggiano, E., Emery, T., Shirley, S., & Criak, R. (1994). Effects of electrical stimulation or voluntary contraction for strengthening the quadriceps femoris muscle in an aged male population. Journal of Orthopaedic and Sports Physical Therapy, 20(1), 22-28.
- Calderon, J. (2007). Fisiología aplicada al deporte. Madrid: Tebar.
- Chau, H. (2007). Elementos: Ciencia y cultura, 14(65), 49 - 62.
- Cheng, N., Van hoof, H., Bockx, E., Hoogmartens, M.J., Mulier, J.C., De Ducker, F.J., Sansen, W., & De Loecker, W. (1982). The effect of electric currents on ATP generation protein synthesis, and membrane transport in rat skin. Clinical Orthopaedic Related Research, 171, 264-72.
- Chicharro, J.L., & Mojares, L.L. (2008). Fisiología clínica del ejercicio físico. Madrid: Panamericana.
- Child, R. B., Brown, S. J., Day, S. H., Saxton, J. M., & Donnelly, A. E. (1998). Manipulation of knee extensor force using percutaneous electrical myostimulation during eccentric actions: Effects on indices of muscle damange in humans. International Journal of Sports Medicine, 19(7), 468-473.
- Chu, D. (1999). Ejercicios pliométricos. Barcelona: Paidotribo.
- Cigdem, B., Ozlen, S., Ozlen, P., Aylin, K., & Elif, A. (2002). Efficacy of two forms of electrical stimulation in increasing quadriceps strength: Arandomizer controlled trial. Clinical Rehbailitation, 16(2), 194-199.
- Climent, J. (2001). La electricidad médica. Historia de la rehabilitación médica (pp. 93 - 129). Barcelona: EDIKAMED.
- Coarasa, A., Morós, T., & Marco, C., M. (2001). Variación de parámetros de electroestimulación con corrientes bifásicas de baja frecuencia y fuerzas evocadas. Rehabilitacion, 35(5), 287-94.
- Coarasa, A., Morós, T., Marco, C., M., & Mantilla, C. (2000). Beneficio potencial de la electroestimulación neuromuscular del cuádriceps femoral para le fortalecimiento. Archivos De Medicina Del Deporte, 17(79), 405-412.

- Coarasa, A., Morós, T., Ros Mar, R., & Vilarroya, A. (1995). Cronaxias en le ejercicio. Archivos De Medicina Del Deporte, 12(48), 163-168.
- Colson, S., Martin, A., & Van Hoecke, J. (2000). Re- examination of training effects by electrostimulation in the human elbow musculoskeletal system. International Journal of Sports Medicine, 21, 281-288.
- Cometti, G. (1998). Los métodos modernos de musculación. Barcelona: Paidotribo.
- Cometti, G. (1998). La pliometría. INDE.
- Cometti, G. (2002). El entrenamiento de la velocidad. Barcelona: Paidotribo.
- Cronin, JB., Hansen, KT. (2005) Strength and power predictors of sport speed. Journal Strength and Conditioning Research, 19: 349-357.
- Dehail, P., Duclos, C., & Barat, M. (2008). Electrical stimulation and muscle strengthening. Annales De Rèadaptation Et De Médicine Physique, 51, 441-451.
- Delitto, A., Brown, M., Strube, S., Rose, & Lechman, R. (1989). Electrical stimulation of quadriceps femoris in a elite weight lifter: A single subject experiment. International Journal of Sports Medicine, 10(3), 187-191.
- Dombrovskaya, V.K., Miller, T.N., Konstant, Z.A., & Vaivad, A. Eijsbouts, X., Hopman, M., & Skinner, J. (1997). Effect of electrical stimulation of leg muscles on physiological responses during arm-cranking exercise in healthy men. European Journal of Applied Physiology and Occupational Physiology, 75(2), 177-181.
- Duchateau, J., y Hainaut, K. (1993). Behaviour of short and long latency reflexes in
- fatigued human muscles. The Journal of Physiology, 471(1), 787-799.
- Feiereisen, F., Duchateau, J., & Hainaut, K. (1997). Motor unit recruitment order during voluntary and electrically induced contractions in the tibialis anterior. Experimental Brain Research, 114(1), 117-123.
- Fleury, M., & Lagassé, P. (1979). Influence of functional electrical stimulation training on premotor and motor reaction time. Perceptual and Motor Skills, 48, 387-393.
- Garcia, L., Audin, J., D'Alessandro, G., Bioulac, B., Hammond, C. (2003). Dual effect of high-frequency stimulation on subthalamic neuron activity. Journal of Neuroscience, 23(25), 8743-51.
- García-López, D., De Paz, J.A., Jiménez-Jiménez, R., Bresciani, G., De Souza, F., Herrero, J.A., Alvear-Ordenes, I., & González-Gallego, J. (2006). Early explosive force reduction associated with exercise-induced muscle

damage. Relationship with soreness and serum creatine kinase. Journal of Physiology and Biochemistry, 62(3), 163-170.
- García-Manso, J. M. (1999). La adaptación y la excelencia deportiva. Madrid: Gymnos.
- Georgery, AS., Dudley, GA. (2008). The role of pulse duration and stimulation duration in maximizing the normalized torque during neuromuscular electrical stimulation. Journal of orthopaedic sports physical therapy, 38, 508-516.
- Girard, O., Lattier, G., micallef, JP., Millet, GP. (2006). Changes in exercise characteristics maximal voluntary contraction and explosive strength during prolonged tennis playing. British Journal of Sports Medicine, 40, 521-526.
- Gondin, J., Guetie, M., Ballay, Y., & Martin, A. (2006). Neural and muscular changes to detraining after electrostimulation training. European Journal of Applied Physiology and Occupational Physiology, 97(2), 165-173.
- Gondin, J., Guette, M., Ballay, Y., & Martin, A. (2005). Electromyostimulation training effects on neural drive and muscle architecture. Medicine and Science in Sports and Exercise, 37(8), 1291-1299.
- González, JM., Machado, L., Navarro, FJ., and Vilas-Boas, JP. (2006). Acute affects of strenght training from heavy loads and static stretching training on squat jump and countermovement jump. Revista Internacional de Ciencias del Deporte-RICYDE, 2, 47-56.
- Gorgey, A., Mahoney, E., Kendall, T., & Dudley, G.A. (2006). Effects of neuromuscular electrical stimulation parameters on specific tension. European Journal of applied physiology, 97(6), 737-744.
- Gregory, C. M., & Bickel, C. S. (2005). Recruitment patterns in human skeletal muscle during electrical stimulation. Physical Therapy, 85(4), 358. Retrieved from http://proquest.umi.com/pqdweb?did=818685451&Fmt=7&clientId=46503&RQT=309&VName=PQD
- Hainaut, K., & Duchateau, J. (1992). Neuromuscular electrical stimulation and voluntary exercise. Sports Medicine, 14(2), 100-113.
- Hamada, T., Kimura, T., Moritani, T. (2004). Selective fatigue of fast motor units after electrically elicited muscle contractions. Journal of Electromyography and Kinesiology, 14 (5), 531-538.
- Herrero, J. (2006). Efectos inducidos por el entrenamiento de fuerza con electroestimulación neuromuscular en la fuerza y potencia muscular. , 5 - 17.

- Herrero, J., & García, J. (2002). Análisis y valoración de los efectos del entrenamiento con estimulación eléctrica neuromuscular. Rendimientodeportivo.Com, 3 Retrieved from http://www.rendimientodeportivo.com/N003/Artic013.htm
- Herrero, J., Izquierdo, M., Maffiuletti, N., & Garcia-Lopez, J. (2006). Electromyostimulation and plyometric training effects on jumping and sprint time. International Journal of Sports Medicine, 27, 533-539.
- Herrero, J., Morante, J.C., & García-López, J. (2008). Entrenamiento combinado de electroestimulación concéntrica y pliometría frente a entrenamiento voluntario. Upcommons-Revister; Congresis UPC Spain. Retrieved from http://www.hdl.handle.net/2099/6818
- Herrero, A.J., Martín, J., Martín, T., Abadía, O., Fernández, B., García-López, D. (2010). Short-Term Effect of Plyometrics and Strength Training With and Without Superimposed Electrical Stimulation on Muscle Strength and Anaerobic Performance: A Randomized Controlled Trial. Part II. Journal of Strength & Conditioning Research, 24 (6), 1609-1615.
- Herrero, A.J., Martín, J., Martín, T., Abadía, O., Fernández, B., García-López, D. (2010). Short-Term Effect of Plyometrics and Strength Training With and Without Superimposed Electrical Stimulation on Muscle Strength and Anaerobic Performance: A Randomized Controlled Trial. Part II. Journal of Strength & Conditioning Research, 24 (6), 1616-1622.
- Holcomb, W. R. (2005). Is neuromuscular electrical stimulation and effective alternative to resistance training? Strength and Conditioning Journal, 27(3), 76-79.
- Holcomb, W. R. (2006). Effects of training with neuromuscular electrical stimulation on elbow flexion strength. Journal of Sports Science and Medicine, 5(2), 276-281.
- Holcomb, W. R., Rubley, M., & Girouard, T. (2007). Effects of the simultaneous application of NMES and HVPC on knee extension torque. Journal of Sport Rehabilitation, 16, 307-318.
- Holcomb, W. R., Rubley, M., Miller, M., & Girouard, T. (2006). The effects of rest intervals knee-extension torque production neuromuscular electrical stimulation.15, 116-124.
- Holcomb, W. R. (1997). A practical guide to electrical therapy. Journal of Sport Rehabilitation, 6(3), 272-282.
- Jubeau. (2008). Comparison between voluntary and stimulated contractions of the quadriceps femoris for growth hormone response and muscle damage. Journal of Applied Physiology, 104(1), 75.

- Kim, C.K., Takala, T.E., Seger, J., & Karpakka, J. (1995). Training effects of electrically induced dynamic contractions in human quadriceps muscle. Aviat Space Environ Med, 66(3), 251-5.
- Kirkendall DT, S. G. (1986). Mechanical jumping power in athletes. Br J Sports M, 20(4), 163-164.
- Kotzamanidis, C. (2006). Effect of plyometric training on running performance and vertical jumping in perpubertal boys. Journal of Strength and Conditioning Research, 20, 441-445.
- Kramer, J., Lindsay, D., & Magee, D. (1984). Comparison of voluntary and electrical stimulation contraction torque. Journal of Orthopaedic and Sports Physical Therapy, 5, 324-331.
- Lake, D. (1992). Neuromuscular electrical stimulation. Sports Medicine, 13(5), 320-336.
- Lara, A., Abian, J., Alegre, L., Jimenez, L., & Aguado, X. Medición directa de la potencia con test de salto en voleibol femenino.
- Laufer, Y., & Elboim, M. (2008). Effects of burst frequency and duration of kilohertz-frequency alternating currents and of low-frequency pulsed currents on strngth of contraction, muscle fatigue and perceived disconfort. Physical Therapy, 88(10), 1167-1176.
- Liebano, R. E., & Alves, L. M. (2009). Comparison of the sensory disconfort index during neuromuscular electrical stimulation with low and medium excitomotor frequencies in healthy women. Revista Brasileira De Medicina do Esporte, 15(1), 50-53.
- Linares, M., Escalante, K., & LaTouche, R. (2004). Revisión bibliográfica de las corrientes y parámetros más efectivos en la electroestimulación del cuádriceps. Fisioterapia, 26(4), 235-244.
- Little, T., Williams, A.G. (2005) Specificity of acceleration maximum speed and agility in professional soccer players. Journal of Strength and Conditioning Research, 19 (1), 76-78.
- Lyons, C. L., Robb, J. B., Irrgang, J. J., & Fitzgerald, G. K. (2005). Differences in quadriceps femoris muscle torque when using a clincal electrical stimulation versus a portable electrical stimulator.
- Maffiuletti, N. (2008). Correspondence: Cautionis required when comparing the effectiveness of voluntary versus stimulated versus combined strength training modalities. Sports Medicine, 38(5), 437-440.
- Maffiuletti, N., Cometti, G., Amiridis, I., Martin, A., Pousson, M., & Chatard, J. (2000). The effects of electrostimulation of the training and basketball

practice on muscle strength and jumping ability. International Journal of Sports Medicine, 21(6), 437-443.
- Maffiuletti, N., Dugnani, S., Folz, M., Di Pierno, E., & Mauro, F. (2002). Effects of combined electrostimulation and plyometric training of vertical jump height. Medicine and Science in Sports and Exercise, 34(10), 1638-1644.
- Maffiuletti, N.A., Jubeau, M., Munzinger, U., Bizzini, M., Agosti, F., De Col, A., Lafortuna, C.L., & Sartorio A. (2007). Differences in quadriceps muscle strength and fatigue between lean and obese subjects. European Journal Applied Physiology, 101(1), 51-9.
- Malisoux, L., Francaux, M., & Nielens, H. (2006). Stretch-shortening cycle exercises: An effective training paradigm to enhance power output of human single muscle fibers. Journal of Applied Physiology, 100, 771 - 779.
- Malisoux, L., Francaux, M., & Nielens, H. (2006). Stretch-shorteninh cycle exercises: An effective training paradigm to enhance power output of human single muscle fibers. Journal of Applied Physiology, 100, 771-779.
- Markovic, G., Jukic, I., Milanovic, D., & Metikos, D. (2007). Effects of sprint and plyometric training on muscle function and athletic performance. Journal Strength and Conditioning Research, 21(2), 543-549.
- Martin, V., Millet, G.Y., Lattier, G., & Perrod, L. (2005). Why does knee extensor muscles torque decrease after eccentric-type exercise?. Journal of Sports Medicine and Physical Fitness, 45(2),143-51.
- Martin, S. (2006). Stimulating muscles to reduce the pain? (interview by Waldtraud Paukstadt). MMW Fortschr Medicine, 148(39),17.
- Martinez, A., Paseiro, G., Fernández, R., & Raposo, I. (2003). Historia de la electroestimualción. Electroestimulación aplicada (pp. 29 - 47) Fundación para el desarrollo de la formación continuada sanitaria.
- Martinez-Lopez, J., Benito, E., Hita, C., Lara, A., Martinez-Amat, A. (2012) Effects of electroestimulation and plyometric training program combination on jump height in teenage athletes. Journal of sports science and medicine, 11(4):727-735.
- Matheson, G. O., Dunlop, R. J., McKenzie, D. C., Smith, C. F., & Allen, P. S. (1997). Force output and energy metabolism during neuromuscular electrical stimulation: A 31P-NMR study. Scandinavic Jouranl of Rehabilitation Medicine, 29(3), 175-180.
- Meaños, E., Alonso, P., Sánchez, J., & Téllez, G. (2002). Electroestimulacion aplicada. Fundación para el desarrollo de la formación continuada.

- Mehmet, K., Alper, A., CoÇkun, B., Caner, A. (2009). Relationship among jumping performances and sprint parameters during maximum speed phase in sprinters. Jorunal of strength and condition Research, 23, 2272-2279.
- Mel, C., & Verkhoshansky, Y. (2000). Superentrenamiento. Barcelona: Paidotribo.
- Miller, C., & thépaut-Mathieu, C.(2006). Strength training by electrostimulation conditions for efficacy. International Journal of Sports Medicine, 14(1), 20-28.
- Montero, I., & León, O. G. (2007). A guide for naming research Studies in Psychology. International Journal of Clinica and Health Psychology, 7(3), 847-862.
- Ortiz, V. (1999) Entrenamiento de la fuerza y explosividad para la actividad física y el deporte de competición. Barcelona: INDE
- Paillard, T., Lafont, C., Soulat, J. M., Costes-Salon, M. C., Mario, B., Montoya, R., et al. (2004). Neuromuscular efects of three training methods in agening women. Journal of Sports Medicine and Physical Fitness, 44(1), 87-91.
- Paillard, T., Noe, F., Passelergue, P., An- Dupui, P. (2005). Electrical stimulation superimposed onto voluntary muscular contraction. Sports Medicine, 35, 951-966.
- Paillard, T. (2008). Combined aplication of neuromuscular electrical stimulation and voluntary muscular contractions. Sports Medicine, 38(2), 161-177.
- Paillard, T., Noé, F., Passelergue, P., & Dupui, P. (2006). Electrical stimulation superimposed onto voluntary muscular contraction. Sports Medicine, 35(11), 951-966.
- Paillard, T., Margnes, E., Maitre, J., Chaubert, V., FranÇois, Y., Jully, J.L., González, G., & Borel, L. (2010) Electrical Stimulation superimposed onto voluntary muscular contraction reduces deterioration of both postural control and quadriceps femoris muscle strength. Neuroscience, 165(4), 1471-1475.
- Parker, J. (1987). Health and fitness. The Packet Magasine, 20-23, 21.
- Parker, M., Bennet, M., Hieb, M., Hollar, A., & Roe, A. (2003). Strength response in human quadriceps femoris muscle during two neuromuscular electrical stimulation programs. Journal of Orthopaedic and Sports Physical Therapy, 33(12), 713-726.

- Pette, D., & Vrbová, G. (1985). Invited review: Neural control of phenotypic expression in mammalian muscle fibers. Muscle and Nerve, 8(8), 676-689.
- Petrofsky, J. (2008). The effects of the subcutaneous fat on the transfer of current thtough skin and into muscle. Medical Engineering and Physics, 30(9), 1168-1176.
- Pichon, F., Chatard, J., Martín, A., & Cometti, G. (1995). Electrical estimulatiom amd swimming performance. Medicine and Science in Sports and Exercise, 27(12), 1671-1676.
- Pombo, M., Rodriguez, J., Brunet, X., & Requena, B. (2004). . Barcelona: Paidotribo.
- Porcari, J.P., Miller, J., Cornwell, K., Foster, C., Gibson, M., Mc Lean, K., & Kernozek, T. (2005). The effects of neuromuscular electrical stimulation training on abdominal strength, endurance and selected anthropometric measures. Journal of sports Science and Medicine, 4,66-75.
- Prentice, W. (2009). Técnicas de rehabilitación en medicina deportiva. Barcelona: Paidotribo.
- Raquena, B., Padial, P., & González-Badillo, J. J. (2005). Percutaneus electrical stimulation in strength training: An up data. Journal of Strength and Conditioning Research, 19(2), 438-448.
- Ratkevicius. (1995). Submaximal-exercise-induced impairment of human muscle to develop and maintain force at low-frequencies of electrical-stimulation. European Journal of Applied Physiology and Occupational Physiology, 70(4), 294.
- Ronestad, B., Kvammen, N., Sunde, A., Raastad, T. (2008). Short-term effects of strength and plyometric training on sprint and jump performance in proffesional soccer players. Journal of strength and conditioning Research, 22, 773 – 788.
- Ruiz, P., Gonzalez, J., & Mora, J. (2007). La electroestimulación como complemento al entrenamiento isométrico voluntario enl a mejora de la fuerza isométrica máxima. diferencias entre hombres y mujeres de mediana edad. Apunts, 89(3), 56-63.
- Sartorio, A., Jubeau, M., Agosti, F., De Col, A., Marazzi, N., Lafortuna, C.L., & Maffiuletti, N.A. (2008). GH responses to two consecutive bouts of neuromuscular electrical stimulation in healthy adults. European Journal of endocrinology, 109, 135-144.
- Stefanovska,A., & Vodovnik, L. (1985). Change in muscle force following electrical stimulation. Dependence on stimulation waveform and frequency. Scandinavic Journal of Rehabilitation Medical, 17(3), 141-6.

- Takano, Y., Haneda, Y., Maeda, T., Sakai, Y., Matsuse, H., Kawaguchi, T., et al. (2010). Increasing muscle strength and mass of thingh in early people with the hibrid training method of electrical stimulation and volitial contraction. Journal of Experience Medicine, 221, 77-85.
- Toca-Herrera, J. L., Gallach, J. E., Gómis, M., & González, L. M. (2008). Cross-education after one session of unilateral surface electrical stimulation of the rectus femoris. Journal of Strength and Conditioning Research, 22(2), 614-618.
- Valli, P., Boldrini, L., Bianchedi, D., Brizzi, G., & Miserocchi, G. (2002). Effects of low intensity electrical stimulation on quadriceps muscle voluntary maximaql strength. Journal of Sports Medicine and Physical Fitness, 42(4), 425-430.
- Vanderthommen, M., & Crielaard, J. M. (2001). Electromyostimulation en medicine du sport. Reviste Med Liege, 56(5), 391-395.
- Vanderthommen, M., Duteil, S., Wary, C., Raynaud, J. S., Leroy-Willis, A., Crielaard, M., et al. (2003). A comparasion of voluntary and electrically induced contractions by interleaved. Journal of Applied Physiology, 94, 1012-1024.
- Vanderthommen, M., Gilles, R., CArlier, P., Ciancabilla, F., Zahlan, O., Sluse, F., et al. (1999). Human muscle energetics during voluntary and electrically induced isometric contractions and measure by pnhrspectroscopy. International Journal of Sports Medicine, 20(5), 279-283.
- Vanderthommen, M., Depresseux, J.C., Bauvir, P., Degueldre, C., Delfiore, G., Peters, J.M., Sluse, F., & Crielaard, J.M. (1997). A positron emission tomography study of voluntarily and electrically contracted human quadriceps. Muscle Nerve, 20(4),505-7.
- Venable, M., Collins, M., Óbryant, H., Denegar, C., Sedivec, M., & Alon, G. (1991). Effects of supplemental electrical stimulation on the development of strength vertical jump performance and power. Journal of Applied Sport Science Research, 5(3), 139-143.
- Verkhoshansky, Y. (1999). Todo sobre el método pliométrico. Barcelona: Paidotribo.
- Vittori, C. (1990) El entrenamiento de la fuerza para el sprint. Revista De Entrenamiento Deportivo, IV(3), 2-8.
- Vittori, C. El acondicionamiento muscular para velocistas. (1984) Cuadernos de atletismo, 18.
- Ward, A. R., & Shkuratova, N. (2002). Russian electrical stimulation: The early experiments. Physical Therapy, 82(10), 1019-1030. Retrieved from

http://proquest.umi.com/pqdweb?did=214510131&Fmt=7&clientId=46503&RQT=309&VName=PQD

- Wigerstand-Lossing, I., Grimby, G., Jonsson, T., Morelli, B., Peterson, L., & Renström, P. (1988). Effects of electrical muscle stimulation combined with voluntary contractions after knee ligament surgery. Sports Medicine, 20(1), 93-98.
- Young, WB., James, R., Montgomery, I. (2002) Is muscle power related to running speed with changes of direction? Journal Sports Medicine Physical fitness, 42(3), 282-8.
- Zanon, S. (1989). Past and present new studies in athletics. Plyometrics, 4(1), 7-17.
- Zicot, M., & Rigaux, P. (1995). Effect of the frequency of neuromuscular electric stimulation of the leg on femoral arterial blood flow. Journal of Malaysian Vascular. 20(1), 9-13.
- Zorn, C., Szekers, T., Keilani, M., Fialka-Moser, V., & Crevenna, R. (2007). Effects of neuromuscular electrical stimulation of the knee extensor muscles on muscle soreness and different serum parameters in young male athletes: preliminary data. Brithis Journal of Sports Medicine, 41, 914-916.

www.ingramcontent.com/pod-product-compliance
Lightning Source LLC
Chambersburg PA
CBHW071448160426
43195CB00013B/2055